JN076860

シークエンスはやとも 芸能界"最恐"心霊芸人

八木勇生 神社インフルエンサー

「憑き物」のトリセツ

AN INTRODUCTORY GUIDE ON THE INVISIBLE WORLD

CONTENTS

PART I

Q&A

PART II

カバーデザイン　takaokadesign
イラストロゴ　八木勇生
校正　麦秋アートセンター
編集協力　宮田速記

#自己紹介
#スピリチュアル　#テレビ　# YouTube
#後ろの生き霊
#不倫　#浮気　#離婚
#縁切り神社　#縁結び神社
#神社　#愛憎
#生き霊　#死霊　#守護霊
#幽霊　#憑依
#幸せ
#除霊　#浄霊　#遺伝　#先天性
#スピリチュアルの定義

時・2022年8月7日（日）
於・ヒカルランドパーク　7階

PART I

八木勇生　八木勇生と申します。今日はよろしくお願いいたします。

シークエンスはやとも　シークエンスはやともと申します。よろしくお願いいたします。

自己紹介

はやとも　じゃ、僕のほうから自己紹介させてもらいます。

　吉本でお笑い芸人をやっておりまして、霊が見えるという家系なんですけど、テレビをきっかけに、霊感で人の生き霊を見たり心霊の話をしたりということで、いろんな現場で働かせてもらっております。

　それをもとに、こんなのを見たよという YouTube もやらせてもらったり、書籍をちょこちょこと出させてもらっているような人間でございます。

　こんな能力を生かしたお話ができればいいなと思っております。

八木　僕は、コロナ禍が始まる前までは神社もお墓参りも行ったことがなかったんですけど、人生に行き詰まって、助けてほしいという神頼みからお墓参りに行ったんです。

　でも、そもそもお墓って神頼みじゃないなということに気づいて、神社に行き出して、そこから本を書くことになったり、トークライブをやらせてもらったりということになったんです。

　そこから、KADOKAWAさんから『超参拝力』（共著）という本を出したり、ワタナベエンターテインメントさんの「ドラゴンナイト」というトークライブでスピリチュアルな場所に行ってロケをやったりというのがふえてきて、それではやともさんと会ったんですよね。

はやとも　そうですね。どこかで会いましたね。「君の名は」みたいな感じで（笑）。

八木　確か共通の知人を介して会ったんですけど、その後、2人でお茶するようになって、週に1回ぐらい、お茶してましたね。

はやとも　そうですね。いっぱいお茶してましたね。

スピリチュアルがメディアで行き着く先

八木 テレビではやともさんを最初に見たとき、芸能人の生き霊を鑑定するというので出られていたんですよね。

最初に出演したテレビ番組は何でしたか。

はやとも 「ホンマでっか!? TV」です。認知学者とか心理学者とか脳科学者とか、学者さんたちの前で霊視とか霊能力みたいなことを言ったのは、たぶん僕だけじゃないですか。ほとんどの人は基本的にそういうのには出たがらないと思いますから。それで、時代に多少合ったという感じで出させてもらえたのかなと思います。

八木 確かに今はテレビなどのメディアでスピリチュアルはタブーなんですよね。

はやとも これはまゆつばなんですけど、僕がきっかけで、どんどん厳しくなったらしいです。僕は、悪いことばっかり的中

させているんですよ。

　先輩芸人さんお二人を霊視したときは、「それぞれに右半分に黒いモヤがついていて、病院に行ったほうがいいレベルで真っ黒に見えます」と言ったら、二人とも病気になっちゃったんですよ。

　他には、今は何ともないんですけど、年始に番組に出てとある芸人さんに、「今年はちょっと悪いんじゃないですかね」と言ったら、トラブルやいろいろスキャンダルがあったり、悪いのばっかり当てているんですよ。

　テレビ的には、結婚とか出産とか、そういうのを当ててほしいんですよ。でも、僕、人の幸せなんか知ったこっちゃないと思っているので（笑）。幸せって、それぞれ定義が違うと思うんですよ。

八木　成功も幸せも定義はないですからね。

はやとも　でも、不幸って、大体同じだから、不幸のほうがわかりやすいんですよ。

　例えば結婚も、昔だったらお見合いで親から無理やり結婚させられて暴力を振るわれていた人だっている。となると、結婚

すると全員幸せになるかというと、そういうわけでもない。

　いい悪いの定義ってあいまいだから、人の幸せを当てるのは結構難しいんですよ。

八木　確かにおいしいものの基準は違うけど、まずいものの基準は大体一緒で、甘過ぎても辛過ぎても酸っぱ過ぎてもというのはある。確かにおいしいというバランスを感じるのは難しい。

はやとも　だから、不幸なことばかり的中させる霊能者を出していたら、芸能人が潰れていくみたいな感じになっちゃう。

　当たり前ですけど、好きなタレントさんの不幸の予言的中みたいになったら、ファンはテレビじゃなくてスポンサーさんに文句を言うんですね。テレビ局には「はい、はい」で結構済ませられるけど、スポンサーに文句を言われて、スポンサーに「おまえのところにCMを出さないぞ」と言われると、番組が継続できないんですよ。

　全部ではないけど、心霊系、スピリチュアル系がタブーになっちゃった一端は、僕が担っているかもしれない（笑）。

八木　確かに以前はもっと心霊現象や芸能人を霊視したり、ス

ピリチュアルをテーマにした番組をたくさんやっていましたよね。

　今、YouTube のほうが、スピリチュアルとか占いとかがすごく多いじゃないですか。

はやとも　そうですね。毎週、週明けに「今週の占い」とか上げている人がいますからね。

八木　テレビが YouTube に逆転されるとよく言いますけど、はやともさんは YouTube もやっているじゃないですか。両方出てみて、スピリチュアルとか見えないものに対するテレビとの違いを感じますか。

はやとも　ちょっとスピリチュアルっぽくない話から行きますけど、テレビは、お客さんの意見を先に気にするんですよ。これをやったら、こう言われるんじゃないかなという予測を立ててつくるので、セーフティーネットがすごく手前にあるんですよ。

　でも、YouTube は、自分たちがいいと思ったものをつくって、リアクションをコメント欄で見て変えていくというやり方

12

をしていくので、発想が先に来るんです。先に考えが行くのが
テレビという媒体なので、そこは結構でっかく違うところじゃ
ないでしょうか。

　何が当たるかって、よくわからないじゃないですか。でも、
派手に当たるものって、あんまり狙ってないもののような気が
するんですよ。

　例えば、尾崎豊はものすごい人気で、今でも信者的なファン
がたくさんいるし、僕も大好きです。でも、歌詞だけ見ると、
「盗んだバイクで走り出す」なんて、盗まれたやつの身にもな
ってみろという話じゃないですか。

八木　確かにね。行き先がわからないまま盗むというのも変な
話ですからね（笑）。

はやとも　卒業式前日に窓ガラスを全部ぶち破ったり、それ、
区立中学だから、区民税で賄っているんだぞ、と（笑）。

八木　細かく考えるとね（笑）。

はやとも　でも、それが聴いている人たちに刺さるんですよ。

それで、そうだ、そうだと言う。尾崎豊はそれを計算していたかというと、そんなことない気がするんですね。俺が魂で思っていることを言ってみたら、みんなが共感してくれたということだから。

でも、今、これをテレビがやれるかというと、セーフティーネットを先に張るので、たぶんつくれないんですよ。

YouTuberは、これから尾崎豊になる人が出てくるかもしれないけど、テレビから尾崎豊が生まれることは絶対にない。

だから、自分のやりたいこととか魂を表現できている人たち、もしくはそれに従っている人たちが闘っているのがYouTubeで、数で見て、ある程度安定した給料をもらいたい人たちがやっているのがテレビ。あとは、昔活躍したおじいちゃんたちが余生を楽しむ場所がテレビですね。

八木　でも、今はテレビにすごく出たがっているYouTuberが多いんですよ。チャンネル登録者数に陰りが出てきちゃったり、YouTuberはふえているけど広告の量はふえないので収入にも限界がある。それで、ここから淘汰されていったときに、スピリチュアルというのはテレビのほうにも流れていかないといけないのかなと。

　ファッション雑誌なんかは、全部占いのコーナーがある。占いって凄くスピリチュアルじゃないですか。

　その辺はもう限界が来ていて、これは悪いものだし怪しいものだから、ふたしておこうぜという時代が、もうしんどくなってきちゃっているのかなというのはある。

　はやともさんが、自分のせいでスピリチュアルの規制が強まったと言ったんですけど、僕は、2023年ぐらいから、またテレビにスピリチュアルの人が出だすんじゃないかという予感がしています。

はやとも　早いですね。僕も同じ意見ですけど、もうちょっと先だと思っていました。

八木　2025年とか。

はやとも　そうですね。何の統計をとっているわけでもないので、僕がいろんな人を生き霊的な目線で見た見解として言うと、今、ひろゆきさんとか、成田悠輔さんがめちゃくちゃ人気じゃないですか。それに乗じて、投資家だ、実業家だみたいな、どこの馬の骨かわからないのまで一緒に出てきたりしていますけ

ど、その人たちが異常に人気なのはなぜかというと、たぶん勝利主義がメインになっているからなんですよ。

　お金を持っているやつが勝ちだ、イエーイという状態になっちゃっているんですけど、勝利主義って、勝った後、何にもないんですよ。

八木　競走社会で勝って、手にした後、目的がなければ、ぶっちゃけ空虚でしかないというのは、確かに聞きますよね。

はやとも　会社をつくりました、それを売り払って手にした資本金で別の会社を買ってつくり直して、もう1回キャピタルゲインしました。それで50億円ぐらい手元に入ったら、もう稼ぐ必要ないじゃないですか。

　でも、会社を育てて売り払うという感じで生きているということは、会社をめちゃくちゃ愛しているわけでもない。

八木　それって投機対象ですからね。

はやとも　それをやっている人たちって、もう稼ぐ必要ないなというところに行ったときに、たぶん何にもないんですよね。

八木 人生の本質と役割と使命というものが、お金を稼ぐということに振り切っちゃうと、そこから先の目標が見つからないのかな？　と感じます。

はやとも　それで精神安定剤として勝利主義が、たぶんあるんですよ。みんなパートとかアルバイトとかしているけど、俺は勝っているから、全然働かないで家で横になっていれば7 ～ 8億のお金が入ってくる。

八木　要するに、遊んで暮らせるってやつですね？

はやとも　それが正しいというふうにしておくのが、一番精神安定剤になるんですね。

八木　確かに数字って、形のある成功の定義ですからね。

はやとも　でも、果たしてそうなのかみたいなところがあるのと、もう1個あるのは、勝利主義を絶対とすると、たぶんどこかで限界が来るはずなんですね。相対的に貧乏な人の人数のほうが多くなってくると、勝利者から巻き上げるしかないんです

よ。

八木　税金のシステムと一緒ですね。

はやとも　そうです。何で俺たちが貧乏なんだみたいな感じの人たちが爆発的にふえたら、勝利主義で勝ってきた人たちから巻き上げるしかなくなって、勝った人たちも、せっかく勝ったのに４分の３ぐらい、いわゆる負け組とされている人たちに搾取されてしまうという状態に、最終的にはなると思うんですよ。

　そうなると、お互いに腹が立って、何でおまえらばっかり金持ちなんだ、うるせえ、貧乏人が悪いんだみたいにギャーギャー言い合うようになって、誰もお金で気持ちが裕福になってない。

　そうなったときに出てくるのが、たぶんスピリチュアルです。

八木　では、今からスピリチュアルについて話していきたいと思います。よろしくお願いします（笑）。

　すごい長い前置きでしたね。

はやとも　そこまで行き着いたら、たぶんスピリチュアルとい

スピリチュアルがメディアで行き着く先

うのは大事になってくるだろう。

八木　ようやく始まりましたね。

はやとも　ハイパー絶望的になったとき、スピリチュアルに行く。

八木　確かに僕がスピリチュアルに行ったのは、絶望からでした。

はやとも　みんなそうですよね。

八木　2022年は〝五黄の寅年〟と言われていて、36年に1回の年で、この年があらわすのは爆発、爆破、死滅、争い腐敗で、これらは全部今年（2022年）に象徴されているんです。円安、戦争、噴火、こんな激動のタイミングに何故2人で対談をやるんだろと考えると、この本は、2023年以降の指標になってくれるはずです。
　単著をつくろうかとも考えたんですが、対談本は議論ができるからすごくいいんですよ。こういう考えもあるんだけど、こ

ういう考えもあるよね、というのがディスカッションできるから、僕は対談本をやるのが好きなんです。

後ろの生き霊たちはどう見えるか

八木　そもそも最初に会ったのは、何ででしたっけ。

はやとも　共通の知り合いがいて。

八木　僕、自分に生き霊が憑（つ）いているかいないか、めちゃめちゃ怖かったんですよ。だから、はやともさんの前に行くのが、正直、怖かった。

はやとも　怖いって、よく言われますよ。

八木　何が見えているんだろうなというのがあって。

はやとも　たまに自分のこと、ヤクザなんじゃないないかと思うことがある（笑）。誰の前に行っても、「怖い」と言われるか

ら。

八木　人間が病院とか健康診断が嫌いなのは、自分が悪かった
らどうしよう？　な部分があるはずです。
　だから、はやともさんの前に行くと毎回緊張して、いまだに、
今日、悪いの憑いていたらどうしようって。

はやとも　憑いてたって、別にいいじゃないですか。

八木　一緒に仕事をさせてもらうときも、「八木さん、メッチ
ャヤバイ生き霊が憑いているから、あまり一緒に仕事をしたく
ないんだよな」と思われるのも怖いのかも知れませんね……
（笑）。

はやとも　悪いのが憑いていたら、何でイヤなんですか。

八木　人間が開運とか幸運という言葉が好きな裏には、運気が
下がるとか、悪いものが憑くことに対する恐怖心があるんです
よ。
　僕はスピリチュアルはある種のツールだと考えていて、幸せ

になる道具であれば別にいいんだけど、スピリチュアルにはまっていくと、それが正解なんだと思い込んでしまう。

　例えば、最初は数珠1個だったのが、気づいたら肘まで数珠をつけてしまうとか、自分以外の物に原因があると思ってしまうのが怖いなって、ミイラ取りがミイラになるじゃないけど、一番本質的な自分というものを見失ってほしくないんです。

　最初に会ったとき、僕、どう見えましたか。

はやとも　そのときは、僕がちょっと暗くて、人のことを見ている場合じゃなかったんですね。でも、マジで明るいし、みんなに好かれているし、悪いものも何も憑いてないということで、いい人だなあと。

八木　よかった。いやあ、うれしい。

　今までいろんな芸能人の方を生で見てきていますけど、映像では見えないんですか。

はやとも　見えないですね。

八木　じゃ、インスタグラムとかでパッと写真を見たときに、

こいつ、ヤバイのが憑いているとかいうのは見えない。

はやとも 全然見えないです。
　ある社長にご飯に呼んでもらって、その人のオフィスだったんですけど、モニターがあって、Zoom で女の子3人がポンポンポンと出て、社長が「これ、Zoom のガールズバーなんだよ。この子たちを今から見てよ」って言われたけど、ことごとくわからなかったんです。Zoom じゃ、何にもわからないと知れました（笑）。

八木 それは初めて知ったんですか。

はやとも 何となくわかっていたんですけど、Zoom でやったら全然わからなくて、「わからないです」と言ったら、「おまえはカネにならない霊能者だな」と言われて、即、終わりました（笑）。

八木 遠隔で見られたら無敵ですからね。

はやとも それは2年ぐらい前で、緊急事態宣言とか出ていた

ときなので、リモート占いとか電話占いがはやっていたんです
よ。その社長さんは、それをやろうとしてくれたんですね。僕
もお金に困っていたんですけど、何にもできなかったので、そ
れはそれで終わってしまいました。

八木　それからは、現場で会って見るしかないということです
ね。

はやとも　そうですね。だから、テレビも、確実に2時間前と
かにスタジオに入って、手前の収録を見たりしています。

八木　早く入る理由は？

はやとも　生で見ないとわからないので。それで、本番で話す
内容をまとめて、まずマネジャーさんが確認して、NGとOK
部分を抜粋して戻してもらって、もう1回書き直します。

八木　そしたら、事実、見えていることと違いません？

はやとも　結構違いますよ。

後ろの生き霊たちはどう見えるか

八木　じゃ、テレビで、某俳優さん、めちゃめちゃ憑いてます
というのを書いてマネジャーさんに出したら、「こんなに憑い
ていたら、うちとしてはイメージダウンだから、いいふうにし
てくれ」と言われることもあるんですか。

はやとも　もちろんあります。むちゃくちゃ前ですけど、とあ
る演者さんを見たら、ぶっちぎり出演者の中で最下位だったん
です。

八木　ぶっちぎり最下位というのは、憑いているということ？
どういうふうに見えたんですか。

はやとも　その方はスタジオに来られないのでロケでの映像を
見て、ディレクターさんに言ったら、いいから、見えたまま書
いてと言われたので書いて、マネジャーさんに見せたら、ほと
んどNGだった（笑）。OK部分だけ聞いて何とか書き直して
渡したんです。
　NG事項が多い人が悪かったときが、一番難しいんですよ。
そうじゃなければ、結構楽なんですけど。

八木　ちょっとフォローを入れると、悪いものが憑いているのではなくて、NGが多かったということですね。

はやとも　憑いてもいましたけど、そんなに悪いわけではない。
　テレビに出ている芸人さんにNGを出されたことは1回もないですね。

八木　芸人さんのNGって、自分でおもしろいところをカットするようなものですからね。

人は「不倫」「浮気」「離婚」をなぜたたく？

はやとも　みんな男遊び、女遊びしているわけではないですけど、何かを隠していて、それが出せないという。石田純一さんは、「不倫は文化だ」と言ったり、チョーすがすがしい感じがするじゃないですか。
　人の浮気なんか、どうでもいいじゃないですか。

八木　正直、どうでもいいですけどね（笑）。

はやとも　キングコングの西野さんいわく、何で不倫とか浮気がこんなにメディアで取り上げられるかというと、どんだけ教養がないバカでもたたけることだからだと言っていたんですよ。経済とか政治のこととか、今だったら統一教会のこととかは、ある程度教養とか知識とかがないと、たぶん話題に参加できないんですよね。

八木　一定のリテラシーが必要な話題じゃないのが不倫じゃないですか。だって、小学校、中学校からでも、恋愛というベースは絶対あるから。

はやとも　そうなんですよ。だから、誰でもいけるからというふうなことを言っていて、今は不倫と浮気で始まりましたけど、全部に対してそうかなと思ってきているんです。悪いとされることは徹底的にたたけ、みたいな。

八木　「ジョーカー」という映画がはやったのも、人間って、不平不満がどの時代にも誰にでもある。
　不倫とか浮気も、その行為と現象と結果だけ見ると、果たしてそんなにいけないものだろうか、そこまでみんながたたかな

ければいけないのだろうかと疑問ではあります。

はやとも　すごく語弊のある言い方をすると、一度も女性とおつき合いしたことのない、関係も持ったことがない男性と、十股ぐらいかけていて、100回ぐらい浮気している男だったら、経験値が段違いなので、たぶん後者のほうが学べることが多いんですよ。

八木　まあそうですね。

はやとも　一概にどっちがいいとは言えないですけど、言葉尻だけ言うと、まだ全く経験のない純真無垢の人のほうがすてきだよねと言わなきゃいけない、みたいな感じになっているので。
　でも、どっちと一緒にいたほうが学べることが多いかなと考えると、僕は経験値のあるほうがいいかなという気がしていて、それを何も学べることがない、とにかく悪だというふうにしちゃうと、人間って、たたけるとか、悪いというものに対してはドラッグみたいに頭に回ってきてしまうんですよ。

八木　ハリウッドのほうでも、離婚とかいう部分においては、

ニュースとか情報とか、断片的にしか物事を見ない状態で僕らは判断しなければならないことが多いですね。

　今の時代は、スワイプすることで、一気に目に入ってくる文字数が少なければ少ないほど理解しやすいというのがあるから、1つの言語からすると、言葉尻だけで判断してしまうことのほうが多いのがリスクだと、僕は考えています。

はやとも　ある著名人の方がツイッターでつぶやかれていましたけど、切り抜き記事、読んでみれば意味がわかるけど、見出しだけ見ると、まるでその人がすげーイヤ人間みたいな感じに見えるという投稿について言及されていたんですね。

　それって、注意喚起してくれればわかるんですけど、1年たったときに振り返り記事みたいになっていて、あの人は1年前にこんなことを言ってましたよと、切り抜きの見出しだけ出されると、俺らって、丸々信じるんですよ。

八木　信じますよ。

はやとも　あの人、そんなこと言ってたんだ、幻滅したわー、みたいな感じになって、それが全体で繰り返されている状態に

なっているなあという気がしているんですね。

八木 ずっとループですよね。

はやとも それを埋めるために、芸能人とか他人の浮気や不倫は許せないということで、それを執拗にたたくことに繋がっているんじゃないか。別にそれが全部のことじゃなくて、1個の理由だけなのにそうなってしまっている。
　本当にスピリチュアル的なものに関心があって信じていて理解がある人だったら、浮気した人とか不倫した人、しかも、それが相手側に一切の責任がなくて、ちょっと遊びたかったから浮気しちゃった、不倫しちゃったとかいう人たちは、後々、絶対に何か返ってくるのがわかるはずじゃないですか。

八木 波長の法則ですね。

はやとも それなのに、私がやってやらなきゃと、錦の御旗みたいな感じで攻めていくのは、その時点でスピリチュアル的な感じじゃないよねと感じてしまうんです。

八木　自分の正義と相手の正義がぶつかるときに戦争が起きるじゃないですか。自分の正義というものは自分の中にだけあればいいのに、相手の正義と比較してしまう。それで戦争が生まれている。今の世の中はそれが出ているから、自分の正義イコール相手の正義ではないというところに、ちゃんと理解を持ってないと、自分の正義を持つのは危険ですね。

はやとも　さっき八木さんが言ったとおり、スピリチュアルというのは、補完というか、自分の中で何となく手助けにするぐらいの感覚で持っておくべきで、やってやらねばみたいになってしまっていると周りからどんどん人がいなくなっていってしまう。あの人が不倫とか浮気したからよくないねというだけの話だったのに、そこに自分が乗っかってしまったことによって自分も煙たがられるみたいな状態になってしまいそうな気がする。

縁切り神社と縁結び神社の勘違い

八木　神社関係で言わせてもらうと、「いい縁切り神社があり

ますか？」という質問がすごい来るんですね。でも、そもそも縁を切りたい関係を持ってしまった自分に問題があると僕は感じていて、その前に自分の行動と判断と考え方は間違ってなかったのかというところをちゃんと振り返ってから、縁切り神社に行ったほうがいいはずなんです。

　そう思った理由としては、縁切り神社の絵馬に、誰々が奥さんと別れますようにとか、不倫、浮気関係の問題を書いていたんですよ。縁切り神社の根本は良縁祈願なのに、恨み、妬みの感情から行く場所になってしまっていると心配になりました。

　だから、お勧めの縁切り神社を聞かれたときには、縁を切らなきゃいけない人と縁が繋がってしまった自分も見直すきっかけにして欲しい。これはその人にも相手にも、そして神社にも良いと考えています。

はやとも　僕も、縁切り神社に行きたいと思う気持ちがわからない。

八木　縁切り神社でイヤな霊とか見えますか。

はやとも　僕、行ったことないんです。ただ、絵馬の写真をグ

ーグルとかで見るのは好きです。めちゃくちゃおもしろいんですよ。

　この間、都市伝説ライブで、先輩が撮ってきた絵馬の写真を楽屋で見せてもらったら、「2022年7月21日正午ごろに会社から出てきた○○がクルマにはねられ緊急搬送され、家族に見守られることもとなく孤独に死んでいきますように」みたいなことが書いてあって（笑）。しかも、超絶長文で書いてあるんですよ。

八木　それ、「引き寄せの法則は具体的に書きましょう！」の、最悪の例ですよね（笑）。

　縁結びに関しても、究極の縁結び神社と言われているのが出雲大社で、復縁とか、ご縁のある神社としてすごくいいんですけど、ここで気をつけなきゃいけないのは、縁結びとか恋愛って、愛されたいと思って行くと難しい。

　愛されることより愛することのほうが人生はとても楽しくなると思うので、どこかいい縁結び神社がありますかと聞かれたときには、どういう縁なのか、例えば仕事縁なのか、人間関係なのか、親子関係なのか、恋愛なのか、ベクトルを間違えないほうがいい。

　相手に自分に好意を持ってほしいと願うより、自分が相手に対してどう思うかというところが一番本質だなと、縁切りと縁結びに関しては考えています。

はやとも　愛されるよりも愛しに行きたい、みたいなことですよね。

八木　縁切りと縁結びって、一周して一緒だと思っていて、縁結び神社に行っても、自分が愛されたいと願っている人は、たぶん縁を切られちゃうんですよ。
　同じように、この人と縁を切りたいと縁切り神社に行くと、思っている段階で（フォーカスしているエネルギーは）同じレベルだから、縁を切りたい相手とより一層繋がってしまう。
　だから、それまでの自分自身と縁を切りにいくという考えで縁切り神社に行ったほうがいい。

はやとも　どれぐらいの深さになりたいのかなというところが、でかい気はしますね。
　特に女性にありがちなのは、好きな人ができると、好きになってほしいから、もっといい女性になるために自分に磨きをか

縁切り神社と縁結び神社の勘違い

けるとか、いっぱい行動に移して自分のことを知ってもらおうみたいになる方をよく見ます。

　ただ、意中の男性が自分に対して一切興味がなかった場合は、どんなに知ってもらっても好意が向くことはたぶんないんですね。

　どうやったら好意が向く可能性があるかというと、自分を知ってもらうことよりも、どんな人なのかとか、どういうことをされたら喜ぶのかとか、どういう人生だったのかとか、何が好きなのかとか、相手を知ってあげることのほうが、一歩深いところに好きの感情があるような気がするんです。

八木　深くなりますね。

はやとも　ファーストインプレッションは大事ですよ。男性だったら、背も高くてイケメンでとか、女性だったら、顔もしゃべり方もかわいくてとか、そんなのはあると思うんですけど、そこから先に待っている恋愛としては何があるかというと、恐らく適当に肉体関係を持ち、長くても数カ月つき合って、別に興味のある人が出てきたらバイバイみたいなことが待っている率のほうが高いんじゃないかなという気がしているんですね。

八木　そういう相談とか話はよく聞きますね。

はやとも　ライクとラブの違いじゃないですけど、本当に相手を好きなときは、自己表現じゃなくて相手の理解になっていくと思うんです。あなたを知りたいです。最悪、つき合うとも何ともならなかったとしても、あなたが幸せならいいですと。
　好きというより、愛しているに近い感じ。好きというのは、モノとして好きということだから。
　今の30歳手前の人から話を聞くと、自分にとって完璧なパーツとしての彼氏が欲しいと言うコが多いですからね。

八木　おお……。

はやとも　すごいですよ。顔も整っていて、背も高くて、自分の好きなことをやっていて、年収も1000万円ぐらいあってという。いやいや、野原ひろしにだってなれないぜ、俺たちは、と思っているんですけど。
　俺、この世で一番好きな男が野原ひろしで、一番かっこいいと思っています。

八木　これは「クレヨンしんちゃん」を見ている人しかわからないですね（笑）。

　縁切りと縁結びについて言うと、本当に縁を結びたいなという人がいて、今までの自分のやり方では繋がれないのだったら、今までの自分と縁を切りにいくという考え方、願い方で縁切り神社に行くのをお勧めします。

はやとも　ある芸能人のご夫婦に、どうやってつき合うようになったか聞いたら、渋谷を歩いていたらバカみたいにきれいな人がいたから声をかけて、「好きだ」と言ったらしいんです。

　相手からしたら、「何、こいつ、キモッ、意味わかんない」みたいな感じだったけど、それから、番組とかテレビ局で一緒になったら、「すごく好きです」と、ずっと言い続けたらしい。

八木　それは大事ですね。

はやとも　言い続けて言い続けて、何とか相手の気持ちの中に入っていくことができた。

八木　相手の気持ちの中に入る、か。

はやとも　縁結び神社に行く時点で受けの姿勢ではありますね。何か来い、何か来い、みたいな感じになっているので、それよりも、自分から行ったほうが早い気はしますね。

八木　誰かとの、縁を切るために縁切り神社に行くよりも、良くない考え方の自分自身と縁を切りたいという考えで行ったら、たぶんそこにいる神様は、「自分をしっかりわかっているね」となるんじゃないかな？

　これからの時代は神様に対するホスピタリティが大事だと、考えていて。神様にお願いをしに行くのではなくて、神様のお願いを聞きに行くほうがいい。

　神社にいる神様を人として定義すると、「願いをかなえてほしいんです」と言うんじゃなくて、「神様、今日は何かかなえてほしいことありますか？」と逆に神様の願いを聞いてみると、自分の願いもかない易くなるはずです。見返りになっちゃう時点で下心が働いているのかもしれないけど、神社の神様の負担を減らすために行くというのが、僕が最近やっていることで、新しい使い方を提案していますね。

はやとも　1個、深い理解ですね。

八木　神社インフルエンサーなのにこんなことを言ってはいけないのかなと思うんですけど、神様にお願いするだけで、自分は何もしないままじゃなくて、かなえたいものに対して果たして自分は努力をちゃんとしているだろうかって、神社以前の話になってしまうんですけどね（笑）。

神社に行かなくていい人生が一番?!

八木　結局、論理的な部分だったり、人間の行動学というところを最近すごく調べているんです。

はやとも　神社って何ぞやというのを自分の中で考えると、精神安定剤的なところなのかなというような気がしているんですね。
　ある神社の方に聞いた話をもとに、しているんですけど、最悪、神社に行かなくいていい人生が一番いいんじゃないか。

八木　めちゃめちゃそうだと思う。

はやとも　神社って、どういう状態で行くものなのかというと、僕だったら、たぶん絶望したときに行くと思うんです。

八木　僕もそうでしたからね。

はやとも　何にもいいことがないという絶望まで達したときに、行くかもなあ、ぐらいに思っていて。日ごろは僕、八木さんに紹介していただく神社とかには、一緒についていったりするんですけど、1人で行ったり奥さんと行くかというと、全然行かないんですよ。それは毎日普通に楽しく過ごしているからなんです。

　どういうときに行くかなと考えると、誰も助けてくれないし、時代そのものにも絶望しているし、どれだけ努力しても何もかなうことがないというぐらいまで絶望したら、神社に行くかもしれない。

八木　困ったときの神頼みというのは、そこから出てきていると思っています。

はやとも　今の世の中でそこまでの状態になるだろうか。なる

神社に行かなくていい人生が一番?!

人も中にはいると思うので、あってしかるべきものではあるんですけど、何万人も訪れるほど絶望するようになるかというと、そんなこともない気がしていて。

八木　神社に行くというのは確かにすばらしいことですが、願掛けというものが、第一になってきてしまうと、神社というもののパワーが見えていない僕からすると、神社のエネルギーが低下してしまうのでは？　と懸念はしています。とはいえ、僕も神社でお願いはします（笑）。

はやとも　難しいですよ。ある神社の方に聞いたら、ある占い師さんがテレビでパワースポットだと紹介したことによって、あまりにも人が来てしまって、ご神木の周りの土が荒らされたり、ゴミが捨てられたりして、すごく困っていて、二度とパワースポットとして紹介しないでほしいとおっしゃってました。
　そういうところもあれば、キャピキャピの神様の絵が描いてある神社もあるんですよ。明らかに名前は男なのに、いわゆる二次元のかわいい女の子キャラクターで、ポーズをとっている。ここの神様はこれなんだと思いながら話を聞くと、経済的に苦しくて、アニメキャラクターみたいなのを描いて盛り上げよう

と頑張っているんですとおっしゃっていたので、商売ではあるんだよなと思ったので、そのバランスを見て、ちょうどよく行くのがいいのかもしれないですね。

八木　はやともさんから見て、この神社は人の強欲というものがあるなと感じたりしますか？

はやとも　どこだか忘れちゃいましたけど、ここ、イヤだなあというところがありましたね。

八木　神社に行って取り憑かれたことはありますか？

はやとも　YouTube に上げたのだと、年明けに新宿のとある神社に行ったらめちゃくちゃ混んでいて、こんなに並ぶんだったらいいやとやめて帰ったら、肩も背中もめちゃくちゃ重いし頭も痛くてしんどくなっちゃったんです。熱があるわけでもないので、たぶん病院に行っても何とも言われないだろうなという感じだったので、自分で自分のことは見えないけど、何かに取り憑かれているというか、何か入られているんだろうなと感じたんですね。

　ふだんから通っているんですが、いつもはそんなことはないんです。だから、何でこのタイミングだけと考えると、初詣となると、みんながああなりたい、こうなりたいと願い事をする。場所的にホストさんとかキャバ嬢さんとかもたくさん行くだろう芸事の神様なので、そういう人と接する職業の人たちがたくさん集まっているので、自分がもっと目立てますようにというお願いプラス、ちょっと愛憎入りまじったような願いとか、縁切り的な願いとか、いろんなものが三が日で一挙に集まったんでしょうね。

　八木さんが言ってましたが、そこの神社に何の神様が祀られているかを知らないで行く人が多過ぎる。

　言い方は悪いですが、神頼みで行こうという感じで足を運ぶ人の何％が神様をわかっているかというと、たぶんほぼわかってないと思うんですよ。

八木　祀られている神様の名前や得意技を知らないと、かなえて欲しい願いも届きづらいですからね。

　あと、神社は祓（はら）う力が強い分、落ちた霊が誰か他の人に憑依（ひょうい）してしまう場合もあるのかもしれませんね？

はやとも　僕は祓ってもらう前に、混んでいるからということでめちゃめちゃついた状態で帰っちゃったから、たぶん具合悪くなったんだろうなと感じています。

八木　そのときの痛みって、突発的に肩が痛いとか頭が痛いとなったんですか。

はやとも　そうですね。

八木　今までにない痛みでしたか。

はやとも　経験はありますよ。先輩と劇場でご一緒していたときに、彼が尋常じゃないぐらい人から恨まれていたんです。
　お世話になっているし、憧れの先輩だから、どうにかしたいなと思ったんですが、僕はお祓いはできないので、憑いているものに、こっちへおいで、こっちへおいでと、ずっとやっていたんです。

八木　はやともさんが、先輩に憑いているものに、こっちへおいでと言っていたんですか。

はやとも　そうです。

八木　見えているんですよね。

はやとも　見えています。

八木　女の人？　男の人？

はやとも　ほぼ女の人でした。
　それがバーッとこっちへ来たときは、39度何分とか熱が出て、病院へ行ったんですけど、風邪じゃないと言われて解熱剤をもらったんですけど、そんなに効かず、38度台までしか熱が下がらなかった。

八木　霊が憑いた症状としては、割と熱が出るんですか。

はやとも　ウイルスみたいなものなので、割と熱が出ます。

八木　なるほど。ウイルスは目に見えないからね。

はやとも　そのときに経験した肩とか背中の痛みに近かったです。

八木　どういう感じなんですか。

はやとも　一番顕著なのは、指１本分ぐらいの痛みから始まるんです。

八木　針で刺されている感じですか。

はやとも　いや、指１本押されているぐらい。それが、超人が自分の肩で逆立ちしているみたいな、クソッ、重たいなという感じがギューッと走って、イテーッとなる。

「生き霊」と「死霊」と「守護霊」の違い

八木　ちなみに、死んでいる霊は見えますか。

はやとも　見えます。怪談でしゃべっているのは全部、死霊の

46

話ですから。

八木　生き霊と死霊の違いというのは、どんな感じですか。
　僕に、生き霊とか死霊は憑いてますか。

はやとも　死霊は憑いてないですね。生き霊は憑いてます。

八木　悪い生き霊？

はやとも　普通の生き霊。

八木　普通の生き霊って何なんだろう。

はやとも　普通に八木さんのファンです。

八木　ああ、よかった（笑）。

はやとも　あと、周りの女の子（笑）。

八木　女の子ということは、少なくとも向こうは好意があると

PART I

いうこと？

はやとも　そうです。

八木　後で詳しく教えてもらおう（笑）。具体的に顔とかはわかりますか。

はやとも　顔はわからない。だって、自分でわかっているでしょう（笑）。特別悪いものが憑いているということはないです。

八木　守護霊は？　亡くなってこの世にいない先祖は、生き霊ではないだろうし。

はやとも　守護霊は、ちょっと違うんですよ。
　守護霊は、守護してくれている亡くなった人の幽霊のような感じで解釈されているので、守護霊と死霊はあんまり変わらないんじゃないのかと思われがちですが、全く違って、さっき僕が、神様とか、成仏した先にある世界があるだろうと言ったのには理由があります。
　私たちがいるのは、この世です。守護霊というのは、この世

で成仏し切って上がっちゃった後、あの世から見守ってくれている人たちのことです。

　生き霊とか死霊は、この世というベクトルのところにいる人たちなので、いわゆる浮遊霊です。浮遊霊と守護霊は大きく違う。

　だとしたら、守護霊でい続ける限り、この世にい続けなければいけないことになってしまう。

　逆に言うと、成仏した守護霊がこっちに来て守ってくれるのだとしたら、あの世とこの世を行き来し放題だということになるので、お盆とかお彼岸の意味があまりなくなるんですよ。

　なので、守護霊というのをあまりご都合主義で考えないほうがいいよと思う理由は、すごいイヤな言い方ですけど、守護霊は、しょせんは見守っている人なんです。

八木　なるほどね。「はじめてのおつかい」で言うと、親みたいな感じですね。

はやとも　カメラマンさん。遠くでずっと見守りながら、本当に誘拐とかに遭いそうになったら行くけど、それ以外のときは、泣いてようが、駄々こねていようが、ずっと撮っているだけと

いう状態。

八木 守護霊だから助けてくれるんじゃなくて、おつかいに行く過程を見守ってくれている存在なのか。

はやとも 「はじめてのおつかい」は、実は１人ではない。でも、別に彼らは手助けするわけではない。
　だから、守護霊は、ディレクターとかカメラマンの立ち位置。死霊は、ストーカーみたいなものですね。

八木 死霊って、あの世にいないんですか。

はやとも これが神様は何者なんだよ理論なんですけど、大はしりで言うと、浮遊霊になっているＡ君があの世に行くためにはどうすればいいのか。
　守護霊になるには、あの世へ行かざるを得ないんです。では、どういうことをすればあの世に行けるのか。一言で言うと、人間をやめることです。

八木 Ａ君が？

はやとも　はい。人間をやめたら、あの世に行けます。

人間をやめるには欲をなくすことです。

でも、欲をなくすのは無理です。人間は欲がないと生きていけない。いろんな欲があるから仕事をするし、異性にアプローチするし、親を大切にする。全部見返りとか欲があるから生きていくのであって、欲をなくすということは人間じゃなくなることなんです。

だから、ミャンマーとかの坊さんが、修行して、極力煩悩をなくすと、脳みそのしわがなくなってツルツルになるんです。レントゲンで撮ると、もともとしわだらけだったのが、山で数カ月間修行して降りてくると、しわがなくなっている。それは言ってみれば、ほぼ人間じゃない状態になっているということです。

人間が生きていたときに何か願いを成 就させたいという状態だと、霊になったときにこの世にい続けるんです。

そうして自分の欲をかなえたいために、誰かの背後霊とかになっていくことが多い。

八木　守護霊は、別に自分の欲をかなえたくて守っているわけではない？

はやとも　ただ、それが本質的に関与してくる訳ではないことがわかるんですよ。何故かというと、認知がないんですよ。

八木　そうか。取り憑かれている側からすると、背後霊というのは認知できないからですね？

はやとも　人間は、周りが自分を認知してくれていることで成り立っていて、自分がここにいるというので成り立っているわけではないんですよ。親、兄弟、友達、恋人が、○○さんと呼んでくれる、見てくれる、接してくれることで成り立っている。認知されていないから自分は存在できてないということが、背後についたり、浮遊することによって、だんだんわかってくるんです。
　これを考えていったときに、自分はもう認知されない存在だから、自発的に欲をかなえることは無理なのだというふうになっていく。

八木　そうすると、その欲をかなえるために、取り憑いて、その人の人間性が変わることはあり得ますか。

はやとも　極端に言うと、例えば、遺伝的に殺人願望が捨てられない人がいるんですよ。戦争中だったら英雄扱いされるような人です。殺人願望を抑えられなくて人を殺して死刑にされちゃったような人は、誰かに取り憑いて、1回でいいから人を殺してみたいというふうになる。

八木　それは憑依ということですね。

はやとも　それもあります。でも、生きている人でそんな人はめったにいない。ということは、お化けもめったにいないということです。だから、お化けイコールみんな殺人鬼という発想はそもそも間違っている。

八木　お化けは怖くないという概念をちゃんと持っておかないと。

はやとも　人間なので。だから、殺人鬼の幽霊がついたらヤバイけど、そんなのは何兆分の一ぐらいの確率でしかあり得ないので、そんなに気にしないでいいと思う。
　浮遊霊は、認知がないから欲がなくなってしまって、だんだ

ん無理なんだなと思って、あの世に流れていく。

　成仏し終わった何者かを神としてあがめても、この神様は何ぞやというと、もう欲がないから人間じゃないんです。みんなは何かをかなえたいために神社に行くけれども、そもそもかなうことがない前提で行ったほうがいいと僕が言っているのは、このサイクルがあるからなんです。

　だから、大前提として、人間として、生き物としてあるべき幸せみたいな方向に導いてもらう手助けを神様にしてもらう分にはありなんです。

八木　自分が人としていい生き方ができますようにということをお願いするのならば、自分の力でいかにかなえていくという部分をお願いしないとダメということですね。

はやとも　そうですね。ここからがすごい難しいところで、我々が言うスピリチュアルというのは神のことなので、その神を理解するためには何をしなきゃいけないかというと、人間をやめなきゃいけないんです。そのためには死ななきゃいけない。だから、これは絶対にご法度ですけど、死が祝福であるとされている理由は、これです。人間をやめられるので。

八木　〝死は生命最大の発明〟とスティーブ・ジョブズも言いましたからね。

はやとも　死は祝福と言われているし、人間以外の全ての動物は死を恐怖しない理由は、ここにあります。

八木　人間以外の全ての動物は自死を選ばないんです。

はやとも　欲というものから解放される死を喜びと祝福としている。でも、これは死を肯定しているみたいなことなので、絶対に言えないじゃないですか。

八木　難しい。ただ、死は否定するものではないというところに目を向けないといけないですね。

はやとも　そうですね。ただ、絶対に逃げられない摂理なので、当然のように存在はしてます。だから、我々は、生きて、飯を食って、糞尿を垂らしている限り、欲というものから絶対に逃れることはできないから、どれだけ神を理解できているとしても、人間である以上、きれい事は言えない。これがすごく難し

いところです。

　だから、わかってはいるけど、本質的にわかった気になれない。一生かけてもなることができないのが神です。

八木　理想と建前の部分ですね。

はやとも　なので、理解しておくことは大事だけど、わかった気になるのは一生してはいけないのがスピリチュアル。認めなければいけないのは、どんなにきれい事を言っても欲にまみれているのが人間であるということです。

八木　その姿と言い方を聞くと、目の前に仏がいるのかと思っちゃった（笑）。まるで大仏みたい。

はやとも　いやいや、僕、欲にまみれていますから。

八木　僕もそうですよ。欲を隠して神様にお願いしに行く神社の参拝の仕方がふえちゃっているなと、欲を隠さないで神社に行くのが一番なんでしょうけど、それは神様にかなえてもらうのではなくて、神様の前で、自分が人間であるというところを

ちゃんと見せられるかが大事だと思います。

はやとも　さっきも言いましたが、浮遊霊になったら、認知されてないから、自分の願望をかなえることができません。これをかなえることができるのは誰かというと、生きている人なんです。

　ここでわかってくるのが、酒、異性との遊び、ドラッグ、タバコを好き放題やりまくっている人が、なぜか魅力的に見えるのは、全ての成仏を今やっているからです（笑）。本当は死んだ後にやらなきゃいけないことを先にやっている。

八木　生きながらにして死んでるということですか。

はやとも　そうです。だから、死んで生きているんです。人間が死から逃れる健康的な概念からいったら、死に近づいている。要は、酒の飲み過ぎはダメ、タバコの吸いすぎはダメ、ドラッグをやるな、セックス中毒になるなというのは、それらは肉体的には死に近づいているからで、全部控えて、家で葉っぱばかり食って、適度に運動して、よく勉強して長生きしなさいとい

うのがよいとされているんですけど、もし我慢して、死んでしまったら……。

八木　それは矛盾だよね。そっちのほうが本質的にすばらしいという生き方に気づくのは、両方を経験してきた人じゃないと言えない。

はやとも　もちろん法律を犯したら絶対ダメですけど、こういうものを我慢して、何となく美しいよねというものをやり終わった後に死んで、メッチャいろんな人に取り憑いて迷惑をかけまくる浮遊霊になる可能性もすごく高い。

八木　建前できれい事を言ってしまうのが、神様からしても一番厄介だし、自分としても厄介だから、欲というものを人間としてちゃんと受け入れて、神社なりパワースポットに行かなければならないということですね。

はやとも　オチとしては、だから、スナックでタバコを吸っているママはかっこいいということです（笑）。

八木　悟っている（笑）。

幽霊を気にする国に生まれているのは「幸せ」なこと

八木　生き霊とか死霊が憑いていても、祓える、祓えないということがあるじゃないですか。

はやとも　僕は祓えないので、基本的には注意喚起をするだけです。「ついてますよ。お疲れさま」と言って帰るだけです（笑）。
　そもそも、幽霊を気にすることができる国に生まれているのは、すげー幸せなことだということです。

八木　幽霊を気にして、スピリチュアルに造詣がある時点で、ある程度富裕層なんでしょうね……。今日も明日も生きている事が当たり前に考えられるから。

はやとも　そうでしょうね。

　それがいいのか悪いのか、僕の中では答えは出てないですけど、例えば、犬とか猫とか、ペットはウソがないと言うじゃないですか。あれは何でだと思いますか。

八木　何でだろう。

はやとも　うつ病の患者さんのケアでペット療法が使われたりしますけど、ペットが何で絶対裏切らないかというと、目に見えない無意識の何かを共有してないからなんですよ。
　人間は哺乳動物の中で唯一、100体以上で共存できた生き物で、それ以外の哺乳動物は共存できないんです。何でかというと、人間は、村の中で狩りをする能力がないオス、子どもを産む能力がないメスを排除しようというのを、唯一やめた生き物なんです。それ以外の生き物は、どんな生き物でも、繁殖機能とかがないとみなされたら殺すのが当たり前です。
　想像してほしいんですけど、犬が100匹で群れを組んでいたとして、移動もできない老犬をみんなで助けると思いますか。

八木　それはなかなか難しいです。

はやとも　僕は犬が大好きですけど、犬はしないじゃないですか。猫も絶対しない。何匹とかで共存して生きている野良猫とかはいますけど、自分たちが生存するに当たって、もはや不要だ、もしくは邪魔だとなったものを排除するのは、俺たちが考えると残酷だけど、動物的な視点で見ると、メッチャ当たり前なんですよ。

八木　動物的な視点からすると、排除しなくても生きていけるという人間の思想は、めちゃめちゃ幸せだからということですね。

はやとも　そうです。
　実は人間も、もともとは排除していたんです。これは『サピエンス全史』という本の前半部分に書いてあるんですが、実は歴史の教科書でははしょられているけど、人間は武器をつくったり稲作を始める前の狩猟とかしていただけの、アウストラロピテクスとか北京原人とホモサピエンスの中間ぐらいの生きもの時代が一番長く続いていた。でも、なぜかそれはざっくり、昔は猿と人間の間みたいなやつらが槍を持っていて、そこから稲作を始めましたと、数行で済まされているんです。

　そのころはどうしていたかというと、実は人間はほかの動物と一緒で、群れの中で繁殖能力のないやつを排除していた。そこから卑弥呼とか、霊能者、霊媒師みたいな人たちが出てきて、目に見えない存在を共有するようになったから、排除することがなくなったんです。

　そして、長老が大切だとか、例えば奇形の子どもが生まれてきたら、これは呪いであるという言い方をするようになるんですね。

八木　それは、神話にも登場しますね。

はやとも　呪いだという言い方をするのは、何か目に見えない力が働いているということです。本当に見える人が出てきて、見えるという教えを伝えたのか、妄想から始めていったら人間が本当に幽霊に成りかわるようになっていってしまったのかはわからないけど、もともと始まりはそれなんです。

　大事なのは、頭蓋骨の大きさからして、人間は、身内を排除していた時代のほうが幸福度が高かったかもしれないということです。

62

八木　優秀な物だけを残していくって考え方か……。

はやとも　女性は、たとえば自分の子どもが３歳ぐらいになると、別の男性に少し魅力を感じるように精神的にインプットされているようです。それは何でかというと、より多くのオスから子孫をもらったほうが、強い子孫を残せる確率が上がるからです。

八木　そこは男女で違うんでしょうか??

はやとも　男性は性欲だけど、女性は性欲じゃないんです。よりよい子孫を多く残すためには、より多くの種類の男性からDNAを受け継いだほうがいい。全ての生き物のメスはDNA的にそうなっているんです。男が性欲だけでウエーッと言っているのとは全然違う。

八木　何だか男として淋しくなってきました（笑）。

はやとも　それを考えると、たぶん犬や猫は人間を見て、「こいつら、バカじゃないの。何でそんな面倒くさいことをわざわ

ざやっているの」と思っているんですよ。もっと合理的に考えたほうが幸せじゃないか。でも、それをやっているからこそ共存できている喜びが、僕らにはある。

八木 非合理を楽しめるというのは人間の幸せの一つですね。

はやとも 非合理の中にある喜びの1個が生き霊とか幽霊、スピリチュアルなんです。

八木 スピリチュアルは娯楽ですよね。

はやとも それを怖がってビクビクするのは、こんなにもったいないことはない。スピリチュアルって、生物学的には不要なものなんです。
　我々が生き霊とかを気にして怖いと言っていられる状態が幸せだと考えると、何か悪いものが憑いてないかなとか、変な生き霊が憑いているんじゃないかなという発想を持てる時点で、ある程度幸福な事ですよね。

除霊、浄霊をやるとき、
遺伝や先天性まで踏み込むのか

八木　はやともさんが見える生き霊や死霊は祓ったとしても、本人の問題である部分が大きいと僕は思っていて、生活習慣病をすぐに治す薬がないのと一緒なんですよ。先天性や遺伝性を除いた自分の習慣から起きている病気を一発で治せるものはないじゃないですか。

　ウイルス的な病気ならこの特効薬を飲めば絶対に治る、インフルエンザに対するタミフルみたいなものはお祓いとしていいんですけど、自分に原因がある病気は違っていて、それは結局、生活習慣を変えるしかないじゃないですか。

　浄霊と除霊はちょっと違うと僕は考えていて、除霊は、事故的に憑いてしまった物を祓うテクニックですが、浄霊は、生活の中で取らなきゃいけない部分だと思っていて、はやともさんが祓える力を持っていたとしても、本当は本人の力で祓わなきゃいけない人たちが、祓ってもらうことによって努力しなくても祓えてしまうのはどうなのかな？　って。

はやとも　難しいラインですねえ。

　言っていることは何も間違ってないと思うんですけど、突発的に家族を殺されたりという人もいますから。

　でも、それが世の中だし、不条理なものなので、そういったもののために、お祓いできる人って存在しているのだろうなと思っているんですね。

　だから、簡単なことでお祓いをするということはできなくていいし、やらなくていいと思うんですね。

八木　それは100％同意ですね。

はやとも　できる人たちの役割は何だろうと考えると、一番分母数が多い問題でいくと、虐待を受けて育った人は、自分でどう頑張っても、子どもに虐待する確率がすごく高いんです。それは本人の問題なのかというと、かなり際どいラインで、虐待の連鎖は習慣や環境だけでなく、遺伝で結構決まっている説もあるようです。

　アメリカではハリウッドスターとかお金持ちの人たちが、例えば高架下に住んでいるホームレスの子どもを引き取って英才教育を受けさせてという活動を、よくやっているんですけど、

同じ環境で、同じ教育を受けさせているのに、実の子のほうが賢くなるし、裕福な家庭から養子にした子のほうが賢くなるという……。

　これらのことを考えると、恐らく根幹として人間には逃れられない不条理があるんですよ。

八木　確かに遺伝は50％で考えなければいけないというけど、その50％が色濃く出るのか……。

はやとも　日本では、遺伝とロボトミーの研究は禁止されているので。

八木　遺伝の研究をしてはいけないということは、遺伝するということがわかることで、絶望する可能性と差別が生まれるからでしょうね。

はやとも　殺人鬼に子どもが育ってしまったというのも、例えば中世とか、日本だったら戦国時代には、人のことをちゅうちょなく殺せる感覚って、たぶんめちゃめちゃ重宝されるはずなんです。

　僕らがそれを悪だと思っていても、昔はそれを正義だと思うのが当然な時代があったじゃないですか。だから、その事実だけ聞いて、それが悪いことだと決めつけるのは、多様性としてはあんまりよくないんだろうなと思ってます。

　親ガチャという言葉で片づけるのはよくないですけど、ある程度は、生まれた時点の運だよねというのは多少あるんですよ。あとは、自分が遺伝的にどういう人間なのかを理解して、今の時代にマッチさせるにはどうすればいいのか考えたほうがいいけど、いやいや、環境で変わるんだ、勉強すれば、運動すれば、おまえもすごいやつになれるんだという環境論だけに偏っちゃうと、めちゃめちゃかわいそうですよね。

八木　環境論でも遺伝論でも差別は生まれるから、慎重に扱わないといけませんね。

はやとも　例えば、何で４月生まれと翌年３月生まれのやつが同じ運動会に出ているんだとかあるじゃないですか。

八木　それ、めちゃめちゃ感じます。４月生まれと３月生まれじゃ、１学年違いますからね。

はやとも　だから、野球選手は4月から7月生まれがメッチャ多いんですよ。

八木　たしかレギュラーになれる確率が高いんだよね。

はやとも　メッチャ高いし、評価もされる。そういう不条理の中で避けられないものが生まれる。そういう不条理が突発的に降りかかってきてしまった人が誰かを恨むという気持ちを、僕は止められない。

八木　止められないというか、もう無理。

はやとも　止められないし、俺の人生経験でどう説得すればいいんだというところもある。
　じゃ、それを祓うという決断をしたときに、いやいや、自分のことも見直してというふうには、ちょっと言えないかなとなってしまう。

八木　そういう人たちのために、お祓いというのは絶対にありですね。

はやとも　あるかなと思うし、生き霊、死霊、スピリチュアル
というものの存在意義はそこかなとも思っています。

　人間には絶対に理解できないものだし、理解してはいけない
ものなのに、なぜ存在しているのか。それには絶対に理由があ
って、僕が言うのもなんですけど、非科学的なものをつくり上
げたことによって共存という選択をとった人間、その選択をと
った先に生まれた不条理、それを精神的な安定剤として理解す
るために、たぶんスピリチュアルは生まれているはずなんです。

スピリチュアルの定義って何だろう

八木　僕はスピリチュアル＝アート論だと思っていて、アート
は、人間しか意識してつくらないんですよ。自然とか万物が意
識してアートをつくるかというと、絶対つくらない。私たちは
アートですといって存在させるのは、人間だけの娯楽じゃない
ですか。

はやとも　アートを目的としてつくるのは、そうですね。

八木　ということは、アートにどんな意味があるかというと、歴史的な価値を見出すのも人間だし、アートにはヒーリング作用があるんですよ。癒やし絵とか薬絵というのもある。

　そうなったときに、スピリチュアルの大事なところは、それ自体が解決するものではなくて、人間が生きていく上での娯楽だったりヒーリングとして使えればいいんだけど、それを主たる目的にしてしまうと、ちょっと話は変わってきてしまいます。

　現世に生きている以上、現実にちゃんと目を向けて生きていく事が大切です。僕は今、好きな人を、好きなときに、好きな場所に連れていけて、好きなものを買ってあげて、好きなものを食べさせてあげられる経済力が欲しいんですよ。

　愛している人を幸せにできる経済力をつけるために、僕はこの先、本を出したり、人前で話したりする機会が欲しいんです。そのために僕は今動いている。

はやとも　僕は、もう1回アメリカのディズニーランドに行くためにお金をためています。

八木　お互いに良い欲ですね（笑）。

　ぶっ飛んだスピリチュアル論とか、何かを信じれば成功する

ということではなくて、自分が何が欲しいかという欲をもう1回見直して、なぜそれをかなえたいのかという、スピリチュアルなんですけど、一周回ってグラウンディングしてほしい。

はやとも　オーッ、かっこいい。

八木　今、メッチャかっこいいことを言いましたよね（笑）。『スピリチュアルアレルギー』も、グラウンディングの話なんですよ。
　確かに急性の憑依というものが習慣で治せるかというと難しいですからね。お祓いというのは、ある種、ワクチンや特効薬ですね。

はやとも　さっき僕はいろんな意見を言いましたけど、別に自分の意見が合っているとも思ってないし、何となく自分が今こう思っている着地点を言っているだけであって、真逆の意見とか、いや、これは違うんですよという意見が出てきたら、それをトレースして考えて、やっぱり自分の考えが正しいかな、この人の意見のほうがのみ込みやすいというか、合理的だなとか、いろいろ積み重ねていって、いつか死んで、その先にあの世が

どうせ待っているのだとしたら、スピリチュアルこそ建設的に考えていったほうが、こじつけるより楽なんじゃないかなという気がしています。

八木　「1 + 1 = ？」

はやとも　こうです、というふうに言っちゃうと、逆にしんどいじゃないですか。

八木　「2 = ？」の求め方で良いんですよね。スピリチュアルって、みんなの答えはそれぞれ違って、「2 = 2 × 1」の人もいれば、「2 = 3 − 1」の人もいるのが楽しい部分で、それぞれの答えをお互いに共有して、提案し合える社会にしていきたい。今、スピリチュアルの話をしているんですけど、たぶん生き方論であったり政治経済にも同じことが絶対言えるはずですよね。

はやとも　わかった気になっていたって、人間なんか何にもわかってないんだから、わからないという余白を残しておいたほうがいいんじゃないかな。

八木　わかんないんですけど、こうなんじゃなかろうか、という。

はやとも　僕も、結婚する前にいろいろな女性とおつき合いして、ちょっとゴチャゴチャとあって結構しんどい目に遭ったことがあって、ズーンと落ち込んでいたときに、一番ありがたかったのは、芸人仲間がその話を聞いて爆笑してくれたことです。そいつらも、バカやったり、ミスをしたりするけど、「おまえ、最低だな。ホントに見えているのかよ」とか言われたのが、精神安定剤になったというか、一番助けられた。
　最後にもう一度、八木さんにとってスピリチュアルとは。

八木　僕にとってスピリチュアルというのは、自分の欲を認めて、その欲というものを、自分の魂が生きているうち、肉体を持っているうちに、なぜかなえたいのかというのを、日々問うことです。

はやとも　ほおー、深い。

八木　スピリチュアルが欲を隠したきれい事になってしまうと、

スピリチュアルの定義って何だろう

現世で起きる残酷なことと無情なことに対して立ち向かっていけないと考えています。

　スピリチュアルを発信しているんですけど、引き寄せの法則みたいな事とは真逆の意見なんです。信じていたって、残酷なことは起きます。

　ただ、根っことして、それは絶対に必要で起きているから、そこから学ぶことがあると思って生きています、というのが、僕のスピリチュアルです。

はやとも　なるほど。僕にとってのスピリチュアルとは、ダブルスタンダードであるということです。

八木　渋いですねえ。

はやとも　僕はスピリチュアルというのは精神安定剤であり、地獄に導くものでもあるというふうに思っているので、どっちつかずのものであるというふうに考えたほうがいいかなと思うんですね。

　何となくエンタメとかYouTubeとかTikTokとか見ていると、「女性を落とすためのとるべき行動３選」とか、いろいろ

出るじゃないですか。そう言われると、それが正しいかのように感じるし、考えなくて済むので楽なんですよ。でも、考えないで済む方向が一番の落とし穴というか、よくない方向に行ってしまうのではないかなという気がするんですね。

　でも、みんな、学校の勉強なんかしたくないじゃないですか。６時間も刑務所みたいなところに閉じ込められて、単調な声でつまんない授業を進めていく教師の言うことを聞くというのをずっと続けて、その先に待っている教養を身につけられる人って、本当に一部だと思うんですよ。

　となったときに、最初に考え始める取っかかりになるのがスピリチュアルなのかなと。みんな無意識にやるから、そんなに教養がなくても考えられるじゃないですか。だから、万人が考えられるコンテンツでもあるかなというふうに思うので、何か考え始めるきっかけになればいいし、そこから先、事実をいろいろ知りたくなったら、政治とか世界情勢とかに足を突っ込んでいけばいいのではないかと思います。

　ただ、教養が必要なものに中途半端に足を踏み入れると、わかってないやつは猛たたきを食らうので、せめてスピリチュアルの世界だけは、アレッと思う意見を言っている人がいたとしても、猛烈に批判したり、頭ごなしに言うのではなくて、しょ

せん我々は理解できないものなのだから、何となく温かくしゃべっていこうぜ、みたいなことを、僕のYouTubeコメント欄にはぜひお願いします（笑）。

八木　なるほどね。本当にはやともさんとお話ししていると、凄く現実的な観点でスピリチュアルを考えられるし、グラウンディング出来るんですよね、本当に今日はありがとうございました！

#手相　#運勢
#憑かれる
SNS フォロワー　#お金　#生き霊
#神社の神様　#欲しい答え

時・2022年8月7日（日）
於・ヒカルランドパーク　7階

Q&A

質問1　手相と運勢の関係について

　私、すごい長生きする運勢だと言われていたんですが、コロナ前に手相を見てもらったら、いつ亡くなってもおかしくないような手相をしていると言われて怖くなったんですね。

　7年前に、死にかけて集中治療室に入った経験があるんですが、そのときにお医者さんに、生命力がすごくあって、運もよかったですと言われて、後遺症もなく通常に戻ったんです。

　手相を占ってもらったときに、いつ死ぬかわからないけど、手相は変わることもあるしと言われて、自然災害にも気をつけてくださいということで、山登りをするときにはGPSを2〜3個持っていったほうがいいよと言われたんですね。あと、自転車に乗るときも、青で渡っていてもクルマにひかれるかもしれないから、本当に注意してくださいと言われたんです。

　もし生き霊がついていたら、守ってもらえるじゃないですけど、仲よくする方法とかあれば知りたいなと思いました。

はやとも　手相だと、早死にすると言われたんですか。

質問者　いつ死んでもおかしくないような手相と言われました。

八木　病院の先生みたいですね。

　手相って、どうなんですか。

はやとも　手相って、僕、割と信じているんですよ。というのは、韓国では手相の整形手術があるんです。これは日本ではないじゃないですか。なぜかというと、十何年前のデータですけど、成功率が二十数%なんですね。失敗するとどうなるかというと、手を握れなくなる。

　何でそんなことをするのかというと、手相を変えると、頭のよさとか考え方が本当に変わるらしくて、実際にやった芸能人が1回目のブームが終わって、手相の手術をやった結果、YouTube チャンネルや歌がヒットしたんです。相方さんも別のキャラでヒットしました。

　だから、手相1つで変わるので、意外と信憑性があるのではないかなと言われているんですね。

　逆に言うと、運はわからない。病死はあるかもしれないけど、突発的に早死にするというのは手相ではわからないはずです。

　もしかすると、最初の生命線は、７年前に緊急搬送されたこ

とを乗り越えて、これからは手相的に突発的に死ぬようなこと
はないんじゃないかなとは思います。

　実際、今、僕が見ていて、死に引っ張られるようなものはな
いので、死ぬようなことはないかなと。

　ただ、僕がわかるのは向こう2年ぐらいのものなので、それ
以降はわからないですけど、そんなに不安がらなくていいです
よ。

　個人的な話以上のことになると、今、コロナがはやっていて、
かかって死んでもおかしくないじゃないですか。でも、交通事
故に遭うとか、突然ガンになる可能性もあると考えると、人間
って、いつ、どの状況で、何で死ぬかは全然わからないので、
だとしたら、死なないことよりも、明日死んでもいいようなメ
ンタルで生きていたほうが楽しい。

　僕は、ある霊能者さんに41〜42歳で死ぬと言われたことがあ
って、だったらそれまでに死ぬほど生きてやろうと思っている
んですよ。本当に死ぬかはわからないけど、たとえ死んでも後
悔ないぐらい楽しんで生きていれば、今、死んでも、それは精
神的に死ぬのとはちょっと違うのではないかと楽しく生きてい
るので、あなたもそんなに心配しないでいいと思います。

八木　すぐ死ぬようなのは憑いてないと。

はやとも　憑いてません。

八木　それがわかるだけでとても安心しますよね。

質問2　「憑かれる」はどんな状況で起こるか

　1年ぐらい前に、はやともさんにお会いして、「私に憑いていますか」と聞いたときに、「珍しいことに何も憑いていません。生き霊が1体も見えない」と言われて、そのまま会話が終わったんです。
　それが不思議で、何も憑いてないというのはどういう状況で生まれるのかなというのがすごく気になっています。

はやとも　大きく言うと、ほとんどの人が憑いてないんですよ。
　僕がいつも見ているのは、芸能人とか、YouTuber とか、霊能者なので、ちょっと変な人が多いわけです。

八木　なるほど。症状があって病院に来る人を見ているようなものですね。

はやとも　だから、憑いている状態というのは、ちょっと特殊と言えば特殊なんですよ。

　黒い影みたいな死に神とかは別ですけど、生き霊となると、めちゃくちゃ興味・関心を持ってもらっているみたいな状態なんですね。具体的に言うと、待ち受けにされているみたいな状態で、何か憑いている。

　ただ、腹が立って殺してやりたいぐらいの感情で待ち受けにする人も、この世にはいますから、それぐらいの人たちになると、生き霊として飛んで憑くというイメージなんです。

　誰にも恨まれてないという状態だったから、何も憑いてないと言ったんです。これは別に特別なことではなくて、しっかり健康的に生きていることです。

八木　とても良いことですね。

はやとも　そうですね。だから、僕はいいことだと思っています。何か憑くことは、そんなにいいことでないですからね。フ

ァンの人とかはありがたいですけど、難しいのは、好きと嫌い
というのはすごい近い感情なので、スーパー有名人であればあ
るほど、何か1個、変な失敗をしただけで、全部恨みの生き霊
になったりするので、チョー怖いですよ。

八木　ちなみに、例えば芸能人とかで、憑いている生き霊が一
番多かった人は何体ぐらい憑いてましたか。

はやとも　悪い生き霊ではなく、良い生き霊だったらAさん
ですかね。
　Aさんは、遠い距離の人にも近い距離の人にも誰にも全く
恨まれてないです。あのタイプの人で恨まれてないのはめちゃ
くちゃ珍しいです。マジで気さくなお兄ちゃんなんですよ。す
ごいいい兄貴だなという雰囲気を出しているけど、やっている
こと、言っていることも金言ばっかりという、とても珍しい方
だなと思いました。
　僕が見たときに5000体ぐらい憑いてました。

八木　5000体‼　どう見えているの？

はやとも　人数で憑いているわけじゃなくて、ここにその人の本体があるとすると、それにボツボツボツと憑いているんですけど、それがギューッと集まって光みたいになっていて、ざっくりどんぶり勘定で、5000人ぐらい憑いているかなというイメージでした。

八木　すごいな。

はやとも　Aさんを待ち受けにしている人が全国にそれぐらいいるんじゃないかという感じです。
　でも、意外というか、すごいなと思ったのは、ホントに恨まれてなかった。

八木　恨まれていると、違う見え方をするんですか。

はやとも　例えば青と赤で描き分けると、半分好き、半分嫌い、みたいな感じで赤と青が見える。
　これぐらい有名な人だと、アンチがたくさんいてしかるべきなのに、アンチがいない。アンチがいなくて売れる人って、僕、見たことがなかったんですよね。

八木　アンチがいるから売れるということですよね。

はやとも　そうなんですよ。だから、アンチなしの人って、どうやって売れているんだろうというところが疑問としてあるんですよね。
　Aさんは、本当にアンチなしのみんなに好かれているという状態で完成形だったんです。

八木　ちなみに、アンチが一人いたとしたら、メッチャ応援しているよというファンは何人いたら相殺されるんですか。
　何でかというと、応援してますというコメントには割と目が行かないけど、否定的なアンチコメントのほうにパッと目が行ってしまいがちですよね。

はやとも　僕もYouTubeをやっていて思うのは、肯定的なコメントが10個あっても、否定的なコメント1個のほうが記憶に残りますからね。

八木　ということは、ファンが10体いても、1体のアンチで相殺されてしまうと。

はやとも　僕、最近はそればっかり考えているんですけど、どの状態でアンチになるんだろうというのは、結構難しいなと思うんですよね。

八木　アンチになる前提でファンになっているという考え方もあるのかな？

はやとも　メッチャありますよ。すごくわかりやすかったのが、僕、YouTube のラジオみたいな配信を日曜日に出しているんですけど、コメント欄でバチクソたたかれた回があったんですよ。罵詈雑言の嵐で、みんな俺のことをボロカスに言う。
　でも、登録者数が全然減らなかった。これ、不思議じゃないですか。

八木　本当に去る人間は、何も言わないで去るんですよ。

はやとも　そうなんですよ。きれい事ですけど、アンチはファンというのはウソではないんです。
　YouTubeって、アカウントをポンとやると、ほかのどの動画にどんなコメントを残しているかに飛べるんですが、そうい

う人は全部にアンチコメントを残している。

八木 ということは、アンチがなりわいなんだ。

はやとも そうなんですよ。マジで動画と全然関係ないことも言われたりしますから。

八木 本当に嫌っていれば離れるじゃないですか。好き過ぎて、自分に目を向けてほしいからアンチコメントを言っている可能性も十分考えられますよね。

はやとも 図解すると、例えば、Ａさんが近所にいるＢさんを好きになりました。この好きという感情がどこにあるかが大事で、自分の中から派生しているものだったとしたら、それは自己愛なんですよ。
　完全体の人間って１人も存在しないので、何かが欠けているんです。この欠けている部分を穴埋めしてくれるのがＢさんだったから好きだというのが、大概の恋愛の動機なんです。

八木 自己補完できていない部分を相手で補完するということ

ですね。

はやとも　でも、この穴ぼこは１カ所ではなくて数カ所あいて
いるんです。最初はこの１カ所を補完してくれる人だったから
Ｂさんが好きだったのに、だんだん２カ所目も３カ所目も補完
してほしいとなってくる。そうすると、求めるものがでかくな
ってくるわけです。このどれか１個でも裏切られたらアンチに
なるんです。

八木　最初は一つで良かったお願いもかなえてもらう、埋めて
もらう内にエスカレートしていきますからね。

はやとも　いろいろふえていきますよね。それでアンチになる。
でも、好きは変わらないんですよ。何でかというと、自分の穴
埋めをしているから、本気で嫌いになるのは自己否定になるか
らです。
　始まりは自己愛なんです。自分に足りない部分を足したいか
らＢさんのことを好きになった。でも、Ｂさんが裏切ってく
ると、今までだんだん補完して好きになってきた自分を全部ド
ンガラガッシャンと、ないことにされるから、自己否定になっ

ていくんです。

八木　確かに好きだったものを嫌いになるというのは、自分を否定することですからね。

はやとも　これがBさんに対して起きちゃうと、自分のことを嫌いになりたくないから、恨みの矛先はBさんに行くんですけど、本気で嫌いになることはできない。だって、自分のことは好きでい続けたいから。自分は正しいと思っていたいから。
　そのはけ口としてBさんという存在が使われるというのがずっと続いちゃうというのが、SNSとかYouTubeで繰り返されていることの正体なんじゃないのかなと。
　僕が心霊の動画を出したときに、コメント欄に「こいつ、池袋で女と歩いているところを見たわ」と書いてあった。嫁だよって（笑）。

八木　めちゃめちゃいい場面に遭遇しているのに（笑）。

はやとも　ただ否定したいという感情が入ってくるけど、登録は外さないし、コメントも残すけど、誹謗中傷するという感情

92

は、外して疎外すると、せっかく補完し始められていた自分を
もう一度捨てる自己否定になる。そうなりたくないから、興
味・関心を持ち続けるのだろうなという気はしてますね。
　だから、最初のほうでしゃべったアイドルとかモデルとか俳
優とか、芸能人にNG事項が多い理由は、視聴者の人たちの願
望というか、そういうところに気を遣っているんだと思います。

八木　ある種のファンサービスなんですね。

はやとも　できればやり方としては、相互フォローしている人
以外は、これどうなんだろうというコメントは非表示にされる
というシステムにしたほうが、タレントの命は守られる気はし
ています。
　相互フォローしていたら、芸人さんだったら「なんや、ボケ
ー」とか言いますから。でも、それは笑いですから、お互いが
わかり合っている。それに乗じてファンの人が「ボケ」とか
「カス」とか言ってくると、どんな状態の人でもさすがに腹が
立つし、下手したら、その先にうつ病になるとか精神的にまい
ってしまうような状態が待っている可能性は十分にある。笑い
にできる相互フォローしている人以外は規制したほうがいいと

は思っています。でも、アンチの人たちがいないと売れないというのもわかる気がします。

八木 ちなみに、生き霊が憑いている場合は、生き霊とうまく生きていく方法はありますか。

例えば神社でも、呪いというのは祝いから派生しているんですよ。祝いという字と呪いという字は似ているんですけど、もともと祝いとか感謝を伝えるのが神社という場所でやることだったんですね。

呪いと祝いは表裏一体なんですが、悪い生き霊でも良い使い方はありますか？

はやとも 最近、僕、ネットフリックスで「呪詛」という映画を見たんですが、おもしろかったですよね。

呪いという言葉が出てくるんですが、悪い生き霊とは何ぞやといったら、呪いみたいなものじゃないですか。

Ａさんという人がいました。私たちはＢです。つき合ってみた結果、Ａさんに恨まれてしまいました。仕事なのかプライベートなのかわからないですけど、何となく切っても切り離せないような関係である。もしくは、切り離してもいいけど、

この人から恨みの生き霊を飛ばされるのがイヤだと思います。

　そしたら、どうすればいいのか。その恨みを分散させればいいんです。Ｃさん、Ｄさん、Ｅさんと、いろんな人にＡさんを紹介して、この人に自分（Ｂさん）だけでなくてみんなを恨ませれば、恨みが減ります。

八木　総量が減るんですか。

はやとも　減ります。全員を平等に恨むことは無理ですから、恨む相手をどんどんふやしていって、恨みを分散させると、Ａさんもあまりにも恨む人数が多過ぎて、こんなに人のことを恨むということは、私に問題があるんじゃないか、みたいになっていくから、たぶん全部が１回相殺されるんです。

八木　なるほどね。男運が悪い、女運が悪いと、よく言うじゃないですか。これって、相手が悪い前提だけど、よくよく考えてみると、それを引き寄せてしまう自分が悪い可能性も十分あるわけです。

はやとも　しかも、今、僕、生き霊という言い方をしたのがす

ごく大事で、なぜかというと、この人（Aさん）に恨まれているんじゃないかなと生き霊が気になるということは、Bさんは自分のせいだとは思ってないということなんです。

　だって、自分のせいだと思ったら、俺がAさんに申しわけないことをしてしまったから、改善しよう、謝りに行こう、許してもらえるまでずっと尽くそうと思うはずで、生き霊をどうにかしようという発想にはならないはずです。

　でも、生き霊をどうにかしたいということは、生き霊というのは生きている人から飛ばされている念だから、Aさんは、（周囲の人間が）何にも悪いことをしてなくても逆恨みで恨みを飛ばしてくる人なんですよということじゃないですか。

　ということは、Bさんの見解としては、Aさんはろくでもないやつですよね。

八木　もちろんそうなりますね。これって、自分をさておき論じゃないですか。

はやとも　自分をさておき論の人しか、こんなのは気にしないので。

八木　じゃ、生き霊を気にする時点で、ということですよね。

はやとも　そうじゃない人でも、みんなに煙たがられて、みんなのことを恨んで、私は悪くないと言っている人も実際いますから、それは場合によります。でも感情的になる人はいるので、だったら、それをたくさんの人に紹介していくことによって、この人（Bさん）もAさんに対しての悩みをここで共有できるし、Aさんもいろんな人を恨み始めて疲れてしまって1個に集中できなくなってしまうという循環が起きるので、結局のところ、気になるのだったら、分散するのがいいです。

八木　なるほど。でも、これは根本的な解決策ではないような気もしてきました。だって、これは「貞子」方式じゃないですか。

はやとも　でも、「貞子」と大きく違うところは、「貞子」は順番にみんな死にますけど、これはどんどん弱くなっていく（笑）。最初は吐き気、頭痛、十円はげとか、いろんなものがありますけど……。

八木　徐々に、倦怠感とか、朝起きられないとか、それぐらいになってくると言った感じですね？

はやとも　何だったら、ここでグループLINEをつくってAさんの悪口を言っていれば、そんなにストレスもたまらない。

八木　Aさんは相当疲れてくるということですよね。

はやとも　周囲の人間も恨みを返さないんじゃないですか。別にこの人がウザくなくなれば、そのグループLINEでも、いつの間にかAさんの話題が出てこなくなって、結果的には何もなくなる気がするので、別に恨みが広がることもないんじゃないかなと。

八木　要は、量で希釈していくということですよね。

はやとも　ただ、ここですごく気をつけなきゃいけないのは、やり返すのは絶対ダメです。リンチですから。

八木　「人を呪わば穴二つ」ということわざがあります。そも

そも最初の穴は自分の墓穴で、呪う過程で自分が墓穴に落ちてしまうところがあるから、誰も呪わないのが一番良いんだけど……。

はやとも　今のB、C、D、Eのグループは、すごいイヤなやつに見えたと思うんですけど、そうじゃなくて、あれはみんなでAさんを受け止めようの会ですからね。

八木　Aさんを救っているんですよね。

はやとも　救っているかどうかはわからないけど、みんなでAさんのはけ口になってあげようよということで、そのかわり、あなたの聞こえないところで、こっちはゴチョゴチョと陰口ぐらい言うからねというグループなんですね。

八木　相殺ですね。

はやとも　それがお互いに飽きたら、別に何にもなくなっていく……。

八木　それは誰にでもできる具体的な方法ですね。

はやとも　気になるのであれば、そうやって分散するのがいいと思います。僕は、人にこう思われているんだろうなというのがあっても、あまり気にするほうじゃないので。

八木　気にしても、しようがないと言えばしようがない。

はやとも　気にされる方は、それがいいんじゃないかと思います。

質問3　「SNS フォロワー」や「お金」と、「生き霊」の数は比例する !?

八木　これは SNS での質問ですが、フォロワーが多い人は、憑いている生き霊も多いんですか？

　僕の見解では、参拝者が多い神社は場所やタイミングによっては疲弊しているという感覚があるんですが、インフルエンサ

ーさん、YouTuber さんで、フォロワーとか登録者数が多い人のほうが、それに比例して生き霊が多かったりしますか？

はやとも　もちろん断然多いです。人から思われている人数に比例もしますけど、多さと濃さはちょっと違うんですね。

八木　フォロワー数に比例して生き霊が多いというのは、フォロワー数や視聴者数が多い人のほうが、発信や動画を見ていても、タフだなと思うんですよ。
　はやともさんは、視聴者数が何人でしたっけ。

はやとも　YouTube は22万7000人です。

八木　はやともさんは、人からどう思われるかあまり気にしないとおっしゃってましたけど、人からどう思われるか怖い人は生き霊が怖いんですよ。あと、お金と生き霊って、関係があるのかなと思って。
　収入の多さと生き霊の数は比例するのかな。

はやとも　お金というか、諦めだと思いますね。少ない人のほ

うが、みんなに好かれようとするんですよ。

　例えばフォロワーが1000人とか1万人ぐらいの人だと、全員に好かれようとすることが、たぶん可能なんですよ。ところが、何十万、何百万、何千万フォロワーになると、全員に好かれるのは、もう無理じゃないですか。となると、全員に好かれて喜ばせようということに対して諦めが出てくるので、自分がやりたいこととか我を出そうというところをやって、応援してくれる人だけ応援してくれればいいやというふうに開き直れるんです。

　ある意味で、ファンの人たちにさほど向き合わなくてよくなる。

八木　どこでドライになるかウエットになるかは、すごく難しいですね。

はやとも　だって、ニコ生で月額5000円で配信していて、登録している人が100人いますよという場合、その100人の中の1人でもやめられたら、結構しんどい。めちゃくちゃ収入が減る。すると、100人全員をすごく大事にしなきゃというふうになってくるので、自分の人生というより、他人の人生重視になって

くる。

八木　なるほどね。神社でも、参拝数の少ない神社のほうが、神様も来てくれたからにはかなえなきゃなという可能性も高くなるのかな？（笑）。

はやとも　下町の人情味のあるサービスって、大きなショッピングモールの1店舗になったときに同じことができるかといったら、絶対できないと思うんです。

はやとも　お金という面を気にしているのは、フォロワーが少ない人だと思います。僕は全然多くないですよ。先輩とかでは何百万フォロワーの人とかがたくさんいますけど、その人たちはそんなに気にしてないですね。

八木　逆に一周回って、発信したいものを発信して、それについてきた数字のほうをちゃんと見るのかな。

はやとも　そのレベルの人になると、もう作家さんの役割なんですよね。なので、フォロワーがたくさんついている人よりは、

100人のファン1人1人をものすごく大事にしている人のほうが濃度は濃いです。

八木 どこの神社がいいかとなったとき、氏神様とか産土神様を大事にしてますかと聞くんですけど、基本ができてないと、大きいところに行ってもご利益的なことは少ないのかな？　と。

　お金持ちはケチと、よく言うじゃないですか。僕はそれと同じだと思っていて、1円、10円、100円単位でお金の使い方をちゃんと考えていない人はお金持ちにはなれないのかな？　って。

　お金に困ってしまうのってなんだろう？　と考えたら、費用対効果と投資対効果で、そのお金が返ってきたのか確認できない。

　僕自身、あまり考えずに投資だと思って買ってしまうことが、多かったんですけど、お金は増えるどころかどんどん減っているわけです。

　何度も失敗する内に、1円、10円、100円の使い方を考え出すと、ミクロで見たらお金のふえ方はすごく小さいけど、マクロで見たときには徐々に上がっていっているんですね。

　これを神社の話にこじつけると、エネルギーの強い神社に行

ったら願いがかないましたと言う人と話すと、そういう人ほど、地元の神社にちゃんと行っていたりするんです。

氏神神社や、普段使いの神社参拝がしっかりしているから、大きな神社や有名な神社でお願いしてもかないやすいのかな？と考えています。

神様は、よくも悪くも平等で、自分が心の中で言語化できてない願いさえも見抜いてくるなと感じたんです。

例えば、「○○さんとつき合いたい。お願いします」と願っても、「付き合っても上手くいくのかな？」という不安を神様は見抜いていて、そっちをかなえてくれる可能性が高い。

とても厳かな雰囲気の神社へ行ったときに、自分の行動と理念がちゃんと一致してないと、簡単にお願い事を言えない雰囲気を感じました。

僕は神社と銀行が似ていると考えていて、例えば事業計画書がしっかりしてないと、銀行はお金を貸してくれないじゃないですか。神社も、願いがちゃんとしてないとかなえてくれないんです。

神様に「お金を1000万円ください」とお願いしても、人を不幸にする使い方をする人の願いはかなえません。でも、物凄く具体的な方法で、尚且つ人を幸せにするお願いしたら、「その

額には満たないけど、その入口になるものはもらえた」といった話を友人に聞いてから、神様は、ちゃんと見ているなと思うんです。

はやとも　見ているから、そのきっかけになるような額をくれたと。

八木　きっかけはくれるけど、そこから良い使い方にするのも、悪い使い方にするのも含めて見ているんじゃないかな？

はやとも　なぜ神様に対してそう思うようになったんですか。

八木　多くの神社が八百万の神様といって、自然崇拝なんですね。自然崇拝、すなわち地球ですよね。地球というものを残すためだったら、神様からすれば人間は難しい存在になってきているんじゃないかと考えていて、もちろん自分も含めてです。

はやとも　神様視点で見たときにということですね。

八木　基本的に全てのものに神が宿って、その命は全て平等な

のだから、アリ1匹と人間1人の命は平等だよと言っているのが八百万の神様の概念。だから、災害があってハチの巣が1個落ちてしまうのも集落がなくなってしまうのも、神様からしたら平等なんです。

残酷に思えるかもしれませんが、それによって僕たちも小さな命に自分と同じ価値があると気づけるじゃないですか。

そういう概念になれば、トータルして自分も神に近づいていくんだろうと。

はやとも　八木さんは、いい人ですねえ。僕なんか、全く真逆の着地みたいなのを自分の中で描いていた。

僕も、八百万を神とする日本の宗教だと、全ての命は平等で、植物も昆虫も人間も分け隔てがないということですが、どこからその発想が来ているんだろうなと思ったときに、今まで自分が読んだ著書の中では『FACTFULNESS（ファクトフルネス）』が一番しっくりきたんです。

『FACTFULNESS（ファクトフルネス）』の中で言っていたのは、人間は生物的にそんなにバカではないということです。

人口をふやしたとて、このまま行ったら、どう考えても幸せにはならない、自分たちもそんなに収入がないから育てる資金

もないというふうになったら、子どもをつくる人間が減るから だと言われていて、そのとおりになった。

　その結果、高齢層が爆発的にふえて若年層が圧倒的に少なく なった。日本は顕著ですけど、全世界的にその傾向があるので、 数の理論で、そのままずっとたどっていけば、ご老人の方は亡 くなって、分母数の少ない人間が老人になっていって、子孫を 残せる確率もさらに下がりますから、若年層はもっと減ってい って人口は大体ちょうどよくなる。人口爆発で食糧危機になる、 大変だと言わなくても、ほっといても勝手にそうなるから、人 間は、人間の未来とか地球環境の心配をしなくていい、みたい なことを書いてある本だったんですね。

　僕は、それが神様的な視点のチョー根幹にあるなと思ってい るんですよ。

八木　正解じゃなくて適解に向かって行くというのはあります よね。だから、最適値になるかどうかが重要なんだと思う。

はやとも　我々は人間そのものだから、人間というものをすご くわかった気になっているけど、実は何もわかってない。

八木　そう。わかってないですからね。

はやとも　そこを書いてくれていた書籍だったので、ということは、全体としては、人間が長生きしようが滅びようが、別にあんまり気にしないでいいんだなというところに、自分の中では行っちゃったんです。

八木　そうそう。一周するとね。

はやとも　それを踏まえた段階で、神様というのはどんなものだろうなと考えると、たぶん宇宙とかの、さらに違う次元のところにいる何者かじゃないですか。精神的なものとか次元的なものとして考えて、我々が生きている３・５次元とは隔絶されたところに何かを持っているもの、そして、我々が死んで成仏した先に行くだろう場所、そういうところに位置しているのであろうなということを考えて、その視点で我々を見たときに、今、指パッチンで全滅したって、別に何とも思わないんですよ。

八木　そもそも地球の歴史は、その繰り返しなのかもしれない……。

Q&A

はやとも　そう考えると、神社に行って、そもそも人間がどうにかしようとか、何かきっかけをもらおうとか、よくしてもらおうとか、縁結びとか縁切りとか、そういうことを神という存在に頼る時点で、意味わかんないことをしているんじゃないかなと思うんですね……。

八木　神社の神様で一番有名なのは、天照大御神や、天之御中主神という宇宙を最初につくった神様で、大きい神様ほどご利益があったり、願いをかなえてくれるイメージがありますが、僕は、自分が生まれたところの近くにある神社で、若い神様のほうが願いをかなえてくれると考えています。

はやとも　明治神宮とか。

八木　明治天皇は神社に祀られたのがここ100年です。天照大御神とか天之御中主神の表記は神話に限られますが、明治天皇や東郷平八郎は、確実に存在していましたからね。
　そうなってくると、人間だった神様が祀られているほうが、現世利益というものはかなえてくれそうだなと（笑）。
　ただ、地球規模で考えて、地球というものが残っていってほ

しいという願いは、天照大神などの神話に登場する神様の方が
かなえてくれる気がします。

はやとも　神は全部一緒というよりは、若い神というか、ほぼ
浮遊霊に近いような状態のものを神様と仮定するのであれば、
我々が、あのコとおつき合いしたいとか、仕事でもっとお金を
もらえるようになりたいとか願うときには、自分のことを知ら
ないやつよりは知っている人のほうの願いをかなえるだろうと
いうのはわかるんですけど、果たして僕らが考えているところ
に位置している神というのは、そういうものなのかどうかみた
いなことが頭から離れないんですよね。

八木　これはかなり深いテーマになっちゃいましたね。

質問4　神社の神様から「自分が欲しい答え」を どうやって聞きだすか

はやとも　八木さんは、神社に行ったときに、役目をもらうと
いうか、「何かすることはありますか」と聞くとおっしゃって

いたじゃないですか。何かやってくれと言われましたか。

八木 神様の声が聞こえる、普通の人には見えない物が見えるなどの能力が僕にはないという前提で聞いてくださいね？「何かやってほしいことがありますか」と神社の神様に聞いた後に入ってきてくれた仕事の中から、自分で役割を勝手に解釈しています。

　それが何かスピリチュアル的に夢の中で出たとか、こういうお役目が神様とか神社から来たと言ってしまうと、なんだか途端に怪しくなってしまいますから（笑）。

　なので神社参拝をした後に入ってきた仕事が、きっと神様から与えられた役割であり、自分がそれに従事することが大事なんだなと思って受け取っています。

　この辺は解釈ですね（笑）。

#ウイルス　#霊　#コロナワクチン
#パワースポット
#見えるようになったきっかけ
#コンプレックス　#自己責任
#スピリチュアルも逃げ場
#神社に興味を持ったきっかけ
#神道　#命が平等　#みんな神様扱い
#今を生きている　#ハッピー
#憑かれること　#怖い

時・2022年10月11日（火）
於・イッテル珈琲

PART II

ウイルスと霊は似てる？
「コロナワクチン」の捉え方

八木　はやともさんは、コロナワクチンについて、どう考えています？　僕は、生き霊に取り憑かれることと病気になることは似ているんじゃないかなと考えていて。体が疲労するのを「疲れる」というのは、「取り憑かれる」の「憑かれる」から来ていると考えている。

　霊よりも人間のほうが強いと僕が思うのは、霊は霊体しかないけど人間は霊体と肉体と２つ持っているからです。なのに、霊（ウイルス）に対して過剰に怖がり過ぎてしまっている。

はやとも　それに近い状態だと。

八木　コロナも宿主がいないと成立しない部分があるから、コロナのワクチンを打った、打たないという議論とか、打った人がどうとか、打たない人がどうというところは抜きに、両方のメリットを言ったほうが救われる人は多いはずです。

はやとも　例えばですけど、打たない側のメリットって何ですか。

八木　打つと、副反応があるとか、こういう病気になる可能性があるとか、打つことのリスクの発信など SNS 等ネットでは目にしますが。

　清濁あわせ呑むじゃないけど、ワクチンや薬だけに限らず添加物やジャンクフードなど体に毒と言われる物を体に入れることで自浄作用や抵抗力を高めることも必要なはずです。

はやとも　ワクチンの構造そのものが、そういうものですものね。

　僕は、好きにすればいいんじゃないかぐらいにしか思ってないんです。SNS レベルの知識ですけど、副反応で亡くなったお子さんとかお年寄りがいたと言っている方がいますね。それがウソかまことか別として、本当だと仮定したときに、すごく悲しいことではあるんですけど、コロナで死んでいるお年寄りとか疾患持ちの方は確かにいる。子どもはどうかというと、疾患持ちの子どもは亡くなっている人もいるけど、健康体の子どもでコロナで亡くなったという人は1回ぐらいしか聞いたこと

はないので、それ以外はわからないんです。

　ただ、何の意味もなく出していることは絶対にないし、恐らく科学的なエビデンスとして何か証明されているから広めているということはあると思うんですね。

　そもそもパニックになっていたのは僕らです。パニックになって、大変だ、マスクしようとか、家から出るな、遊びに行くな、映画も見に行くなとなっていたのは僕らだったし、別に言われてそうなったというよりは、どちらかというと自発的にやっていた。

　でも、第4波、第5波の緊急事態宣言のときに、みんなステイホームして自粛していたかというと、そんなこともない気がするので、国のせいだ、国のせいだと言いつつ、意外と自主的に遊びたいときは遊んでいるし、家にいたいときは家にいたんじゃないかなという気がしているんですね。

　だから、マスクをしたい人はすればいいし、しなくない人はしなくてもいい。ワクチンを打ちなさいと人に言うのもおかしいし、絶対に打つなと言うのもおかしい。マスクをしろと言うのも変だし、するなと言うのも変な気がするので、やりたいようにやっていればいいんじゃないかなと思うんですね。

　例えば、スティーブ・ジョブズはガンになって自然治癒で治

すと言ったけど、死んでいます。そう考えると、自然治癒には限界があるし、生き残れているやつは運がいいだけとも言える。

　じゃ、病気になっていろいろやって、副反応とか薬の作用で体が弱った人はいないのかというと、いる。でも、それは悪意から生まれているものではないはずなので、人の体を助けようと思って生まれているものが全員に適用されるかというと、そういうわけでもないというところが大事だと思うんですね。

　要は、なぜ日本人はワクチンでこんなに騒いでいるかというと、根本として、みんな平等にしようという魂胆があるんですよ。マスクはみんなするとか、みんなしないとか、ワクチンはみんな打つとか、みんな打たないとか、みんな長生きするとか、平等にしないとダメなんだという、思想としては共産主義の国に近いような気がしているんです。

八木　僕は最初に両方擁護と言ったけど、はやともさんと一緒で、どっちもいいじゃんというのがすごい好きで、どっちでもいいじゃんというのは、言いかえると、どっちもいいじゃんになってきて、よく言えば多様性に繋がります。

　自分がやっていることが間違わないように人と比較することのほうが多過ぎちゃうけど、間違っていたって別に良いんです。

間違っていたって、そこから気付いたり、学べば良いんです。

　自分が打っている、打ってない、誰かが打っている、打ってないという問題じゃなくて、仮に打ってリスクがあったとしても、打ってない人が生活習慣が悪くて違うリスクで死ぬ確率も上がる事もある訳で。

　ワクチンを打った、打ってないとか、マスクをする、しないじゃなくて、お互いの選択を尊重する世の中に、コロナを通じて変わって欲しいんですよね。

はやとも　そうだと思うんですけど、時代はというか、動いていく方向は、そっちではない気がしますね。

　全員がマスクをして、アクリル板を立てて、黙食で給食を食べている小学校があって、こんな小学校は異常だ、みたいに言われたんですけど、俺、その状態にある学校に子どもを行かせている親のほうが異常だと思うんです。

　もともと行く意味があるかどうか怪しい小学校で、さらに、体育の時間に炎天下で走っている最中でもマスクをしていろとか、刑務所みたいなところに行かせる意味ってなくない？　と思っているんですよ。だったら、小学校の教育ぐらい親でもできるから、それぐらいのことを家でやればいい話です。

　変な話だけど、何のために持ち家を持っているんだ問題とか
あるじゃないですか。ローンを組んで、月々の支払いを抑えて
大きな家に住むのは、教育費とかに抑えた分のお金を回すため
じゃないの？　人に任せっ放しにするためにカネを余分に持っ
ているわけじゃなくて、子どもにしっかり教育を施したいとか、
いろんな経験をさせたいからなのに、アクリル板の中で黙食さ
せるためにお金を貯めたりしているのか……問題があるじゃな
いですか。

　でも、親は、そこに子どもを行かせているほうが楽なんです
よ。学校がこうだからしようがないじゃない、世間がこう言っ
ているから、まだまだ怖いよねと言っていると、考えないでい
いので、チョー楽だと思うんです。

　聖書では、地獄に落ちた天使というのは自由を求めて地獄に
行ったんです。ということは、天国というのは奴隷なんです。
奴隷化されている状態というのは、メッチャ楽で、幸せなんで
すよ。

八木　考えなくていいですものね。

はやとも　ホリエモンとかが、起業したほうがいいよ、M&A

して会社を売って大金を持ったら、それをまた投資して事業を展開したほうがいいよと、無料のコンテンツでこれだけ言っていても、やる人はほぼいないじゃないですか。それは勇気がないとか、最初の一歩が踏み出せないとかじゃなくて、奴隷でいるほうが楽だからですよ。

　お客さんが来たら接客してと言われて、「はーい」とやっているのはむちゃくちゃ楽なんですよ。その状態でいたい人たちが一定数いるというところをうまく酌み取ってあげないといけない。

　声を出さない人たちがほとんどの中で、声を上げているマイノリティーの人たちのところだけをすくい上げて、発信しますとなったときに、最後に重荷を背負わされるのは声を上げてない人たちでしょう。発信してない、自分で意見を言わない、奴隷化されているのが楽だと思っている人たちに、声を上げた一部の人たちのあらが、けっきょく最後は全部乗っかってくるはずなんです。

八木　僕はコロナをきっかけにトレーナーの仕事をほとんどやめて、何を仕事にしたら良いのかな？　と考える事が多くなりました。

はやとも　多くの人が、そうでしょうね。

八木　そこから執筆、トークライブ、SNSでの発信を始めたんですが、確かに収入面は安定しないし、しんどいときもありますが、楽しいし充実しています。
　言われたことをやって、一定のお金をもらっている安心よりも、自分にしかできない仕事を選んだのはコロナによって起きたことなんですね。
　これからもその延長でいろんなことが起きるんじゃないかなと楽しみではあります。
　ですから今回のコロナ禍のような厄災から学びを得ていかなければなりませんね。

はやとも　ワクチンは、刻印みたいになっちゃいましたよね。

八木　踏み絵じゃないけどね。

はやとも　私は1回打った、2回打った、3回打った、4回打ったよというのでその人の価値観を決めて、その人との距離感を決めようみたいな。体にいい、悪いというよりは、どっちか

というと焼き入れされているみたいな感じですよね。

　それを判断基準として、別に反ワクでもないけど打ってない人、この人は反ワク派だとか、３回打つと、ワクチン推奨派とか、２回打つと、中途半端なやつだ、どっちかにしろよとかね（笑）。

　ちなみに、僕は２回なんです（笑）。

八木　僕も２回です（笑）。

はやとも　僕は海外に行くために２回打っているんです。

八木　その理由で打ってる人も多い気はしました。

はやとも　そこに意志とか理由がある人と、ない人って、生き残れる、生き残れないに繋がってくるんじゃないかと思っているんですね。何も考えないでいるよりは、反ワクチンだとかワクチン推奨派だと言っているほうが、まだましなんですよ。

八木　思考としてはね。

はやとも　どちらか強い意志を持って周りに自分の価値観を提示してあげると、つき合う人間も変わってくるし、まだましなのかなと思います。

　それより根底にあったほうがいいのは、ワクチンというものを通して、自分の中に、どういう意志で、どれくらいの向き合い方でワクチンを打ったのかという、何で？　に答えられる回答を持つことで、それがないと、コロナがだんだん雰囲気として扱われなくなってくる先の時代では、結構しんどくなってくるんじゃないかなと思いますね。

　というのは、間違いなく、ワクチン業者に渡ったカネとか、恐らく何千兆円と消えた医療資金とかも結局うやむやにされてしまって、防衛費だ何だでカネがかかるから増税だみたいなことを繰り返していくので、我々の生活は、同じ収入があってもどんどん苦しくなっていくに決まっています。

　そういうときに、選択肢がない人間になっていくんじゃないかなと思うので、選択肢がある人間になるには、とりあえず、今、使い勝手がいいアイテムとして、ワクチンを使っておくのはいいんじゃないかと思います。

八木　コロナを通して、1枚の葉ではなくて葉がついている木

を見なきゃいけないし、森を見なきゃいけない。僕たちがこの先死ぬまで、もしかしたらとんでもない災害が来るかもしれないし、もっと大きなウイルスが来るかもしれない。そうなったときにはコロナとかワクチンを通じて何を学んだかということが大事で、善し悪しではなくて、それぞれが何を学んだかというところのほうに目を向けることが大切ですね。

そもそもどうしてパワースポットに行くのか

八木 最近、はやともさんとプライベートでよくパワースポットに行かせてもらうんですけど、僕はスピリチュアル否定派で始まっていて、今もたぶんそこまで信じてない部分もあるので、だからこそ、検証しながら、これはもしかしたらあるのかもなという考え方で行っていたりするんですね。

　スピリチュアルに対して、最初から信じていますよというスタンスではなくて、「俺を信じさせてみろ」というスタンスなんですよ（笑）。

　具体的な名前を挙げなくてもいいんですけど、はやともさんが、パワースポットと言われる場所に行って、確かにここはそ

うだなと感じたことはありますか。

はやとも　それはどういう視点でですか。

八木　そこのパワースポットはこういうご利益がありますとか、こういうことに効きますという具体的な効果効能がある場所。

はやとも　ないんじゃないですかね。ただ、八木さんに教えてもらった浅草にある待乳山聖天に行ったときに、何にも願いがなかったので、「とあるセクシー女優さんに会いたいです」とお願いしたら、かなったんですよ。向こうから「一緒に仕事をしましょう」というDMが来て、ヤッターとなった（笑）。
　それがその神社のおかげであると言い切ってしまうよりも、どこと紐づけするかというだけの話で、じゃ、何でパワースポットに行くんだという話になると、たぶん人に感謝するのを忘れないために行っているんですよ。

八木　ああー、すてき。

はやとも　自己愛だけで、俺、自分のこと大好きと言う人って、

俺が何とかなればいいだけで行くから、どんな願いがかなったとしても、パワースポットだろうと、人だろうと、俺のおかげでこうなったになるんじゃないかと思うんです。

　確かにあなたが頑張ったから、今、成果が手に入っているというのは間違ってはいない。でも、それって、最終的に周りに誰もいなくなるんじゃないのという問題があるんじゃないでしょうか。

　自分の努力で何もかも手に入ったと言う人に対しては、じゃ、僕たちは要らないね、僕はあなたに何も興味がないし、何も返ってこないからバイバイというふうになっちゃうから、最終的には周りに人がいなくなる可能性が高い。

　それを忘れないために、神社という仮想の人間をつくって、あの神社に行ったおかげで願いがかなったとか、そういう紐づけをしていくことによって、周りのおかげで自分が成り立っているというのを振り返るために、パワースポットというのはあるような気がしているんですよ。

八木　全くそのとおりで、僕もいろいろな神社とかパワースポットに行っているんですが。

　何のためにパワースポットとか神社に行くんだろうとなった

ときに、そもそもの成り立ちが自然崇拝であるというところが大事で、そこにあるご神木を見て、すごい長い年月をかけてここまで大きくなってきたんだなあとか、昔の人はこうやって尊い場所を長い時間をかけて守ってくれたんだなあとなったときに、神様というのは助けてくれる存在ではなくて、気づかせてくれる存在だと考えていて。

　他者に感謝するきっかけをつくる場所というのはすごく大事で、生きている人間が、亡くなっている神様やご先祖様にお願いして願いがかなうのだったら、生きている面白味、醍醐味が薄れてしまう。

　僕たちがなぜ生きているかというと、生きている間に考察して行動していくことに意味があると思うので、確かにおっしゃったように、考察するとか紐づけするきっかけにはなっていますよね。

　スピリチュアルとかパワースポットというものに依存してしまって、自分の努力を怠ってはいけないですからね。

　でも、たまに甘えちゃう時もありますが（笑）。

はやとも　物知りじいさんより SNS のほうが便利ですけど、僕は物知りじいさんに愛着が湧く人間でいたい。

　コジコジが物知りじいさんに質問するんですが、コジコジの質問ってぶっ飛んでいるから、答えられなくて、ダメなジジイだなみたいな感じで毎回終わるという、すごくかわいそうな話ばっかりが続くんですけど、知らないことがいとおしいんじゃない？　というふうな気はしているんですね（笑）。

　全部かなうとか、全部知っているというものを求めていくと、たぶん最終的には人間は要らなくなってくるはずなんですよね。

八木　パワースポットというのは、いろんな歴史を経てきているんです。願いがかなったり、ご利益があるとかは別として叡智と呼ばれる知識、知恵というものは意識にダウンロードされているはずです。

　パワースポットは、行くことによって、現状の自分を通して世の中だったり周りに対して考えるという行動をさせてくれる場所だと僕は考えていて、自然崇拝というところで、パワースポットから連想される社会であったり、この世の中であったり、未来というものを考えるきっかけの場所でいい。

　人間の願いだけをかなえるような場所だったらこんなに長い年月残ってこなかったはずです。

はやとも　そもそも論として、そんなにみんなパワースポットを信じた状態で行ってない問題があって、かなうと心底思って行って、かなわなかったときに全部パワースポットのせいだと言っている人って、俺、頭おかしいと思っているんですね（笑）。

　パワースポットには、かなうと信じて行っていい。八木さんとは反対の意見になっちゃうんですけど、結局は自分次第だぞと思いながらパワースポットに行くぐらいだったら、行かないでいいんじゃないかなと思っているんです（笑）。

　そもそも行くきっかけとして、あそこで願いがかなった人がいるらしいよ、彼氏ができたらしいよ、お金持ちになったらしいよというふうに聞いて、それを頼りに行くという行為が大事ですね。

　動機として、かなうというのが存在してないと、そもそも行かない。言い方はメッチャ悪いですけど、そんなにみんな神社に行くほど暇じゃないよと思うんです。朝の7時ぐらいに家を出て、夜の5時、6時まで仕事をして、帰ってきて見たいYouTubeとかネトフリとか見ていたらもう夜中の2時で、明日はまた6時起きだみたいな感じの中で、行ってもそんなに変わらないですよ、自分次第ですよという神社に行く暇がある人間がどれだけいるんだろう問題がある。

　でも、行くことは大事だと僕は思うので、行く動機として、かなうというのはあったほうがいいだろうし、実際にかなった人がいるなら、それはバンバン出したほうがいいと思います。

八木　はやともさんが言うように、今の世の中ではパワースポットとか神社に行く時間がない人のほうが多いから、強烈な目的意識があって行くということが大事なんだなということに改めて気づきました。

　確かにパワースポットに行ったということが、その後、本人が気づいてないような具体的な行動をするきっかけになり得るというところがあるんじゃないか。

　僕は、パワースポットと神社に行き過ぎていて、ひねくれた考えになっていたなということに、今、気づきました。本当にありがとうございます！（笑）

　はやともさんは、いい意味で忖度がないし、相手の顔色をうかがわないんですよ。そこが僕がはやともさんを好きなところで、自分と違う考えに対して、「僕はこう考えています」としっかり伝えてくれるところが知識を広げてくれる。

　はやともさんと僕の考えが一緒のところもあれば、今みたいに、自分が忘れていた部分にも気が付けるんですよね。

はやとも それはたぶん全ジャンル、仕事になると変わると思いますよ。例えば、お笑いでもマニアックなコントを見て、わかんないやつに「やっぱりいいね。おまえにはわかんないんだよ」と言ったり、わかり易いお笑いを見て、ちょっと芸人好きとか、芸人をやって出始めのやつらが「こんなの、子どもでも考えられるんだ」とか、バカみたいに言っているみたいに、たぶんみんななるんですよ。仕事になると、俺はこのジャンルで秀でた人間だから、ほかのやつとはちょっと違うんだよ、わかっているんだよに、だんだんなっていく。

　でも、それは違う、好きなやつでそのジャンルは成り立ってないよ、お客さんが見に来てくれるから芸人ができるんでしょうという、みんなの視点が、極めれば極めるほど抜けていくし、抜きたくなるんですよ。

八木 なるほどね。

はやとも 逸脱したくなる。自分は違うと思いたくなる。

八木 パワースポットも詳しくなり過ぎたり、マニアックになり過ぎると行き易い場所では楽しめない、喜べなくなってしま

うのかな？　って。

はやとも　僕がお世話になっている、ラーメン好きな友人は、ラーメンを毎日2〜3杯食う人なんですよ。その人に、「どこのラーメン屋がおいしいですか。この後、天一に行こうと思うんですけど」と言ったら、「天一、最高だよ」って（笑）。全部いいとこしか見ないんだ、すげーなと思いましたね。

八木　愛するって、選別したり、先細りさせるんじゃなくて、広げていかないともったいないですよね。
　だから、パワースポットも、考え過ぎないで、いろんなパワースポットに、「絶対にかなう！」の気持ちで行ってほしいですね！

はやともさんが見えるようになったきっかけ

はやとも　僕が見えるようになったのは小学校3年生のときからです。殺人事件を1回見ちゃって、それがきっかけで、見えるようになったりというのが増えてきた。それと生き霊と死霊

はニュアンスが若干違うんですけど、分けるのもあれだなと思って、一緒にしちゃっているんです。

そこからだんだん見えるようになって、人の胸のあたりに砂鉄みたいな感じでボワボワッとしているのがあるなと思って、僕の中ではそれが生き霊と定義づけして解釈して、それが他人に飛んでいれば、好きか嫌いか、ほかの人から憑いていれば、愛されている、愛されてないとか、恨まれているとか、そういったことがわかるのかなと思い始めたんですね。

それを先輩芸人さんとか事務所にお伝えしていたところ、あるテレビ局の方から出てみないかと言われて出していただいて、それから世間様に知っていただけたような感じですね。

八木 見える、見えないをコントロールするまではトレーニングはしましたか。

はやとも 芸人になってから、ユニクロでだて眼鏡を買って、それをつけているときは見えている、つけてないときは見えてないと頭の中で約３カ月言い聞かせ続けて、何となく選別できるようになって、それからは眼鏡なしでいけるようになりました。

はやともさんが見えるようになったきっかけ

八木 見え始めた小学校3年生から、芸人になってだて眼鏡をかけるまで、何年ぐらい間がありましたか。

はやとも 15年ぐらいですかね。

八木 15年ぐらいは両方とも見えっ放しだったわけじゃないですか。そのときに苦しかったこととか、精神的に参ったこととか、肉体的にきつかったことはありますか。

　これを読んでいる人の中にも、もしかしたら見えている人がいるかもしれないから、アドバイスと言ったら変だけど、何かあれば。

はやとも 僕、特別だと思ったことがあまりないんですよ。全員、自分が絶対一番特別なはずなので、自分は変なのが見えてはいるけれども、それは僕の頭がおかしいだけかとか、感覚が変なだけかもしれなくて、俺は人より何かが見えているかというと、実はそんなに思ってなくて、脳がバグっているんじゃないかぐらいの感じなんですよ。

　例えば、家に帰ってトイレのドアをガチャッとあけたら知らない人の霊がいたり、彼女の家でお風呂に入ろうと思ったら、

知らないおじいちゃんの霊が湯船につかっていたりというようなことはありましたけど、触れられるかというと、そういうわけでもないんですよ。小さい風呂だったので、そのおじいちゃんの霊と重なるように湯船に入ったりしました（笑）。

　でも、ほかの人より苦労しているかというと、そんなこともないんじゃないかなって。これぐらいの気苦労は、ほかに苦労している人もいっぱいいるんじゃないかな？

八木　寛大過ぎない？

はやとも　そんなに特別だとは思ってなかったですね。その当時おつき合いしていた彼女がお菓子職人だったんですけど、朝4時台に起きて、5時前に家を出るんですよ。俺は、見送って、もう一回ちょっと寝てバイトに行った後、彼女の家に行くとなったときに、俺のほうが早かったりするんですよ。

　彼女は、疲れたと言いながらも、私がこの世で一番大変だみたいな顔を1回もしたことがないし、特別にきついんだみたいな感じも一切出さなくて、しんどいこととかも明るく表現するし、欲しいものは欲しい、イヤなことはイヤだと言うコだったから、彼女を見ていると、マジで俺は楽して生きてきたな、実

家が東京にあって、バイトして芸人なんて青春の延長線上みたいなことをやって、欲しいゲームとか服を買って、適当に過ごしてという中で苦しみを抱いていたことが恥ずかしくなったんですよ。

　それまでも特別だとは思ってなかったですけど、それを実感してからは特に、自分の中の中二病感が少し抜けたというか、マジでみんなしんどいんだとわかりました。

八木　人間って、見えてないものが見えるのを特別視するけど、例えば先天的な障害だったり、後天的な病気だったり、突発的な交通事故だったり、一人一人が、絶対的に背負うものがあるわけですよね。

　確かにおのおの与えられている苦しさは自分にしかわからないから、自分は何て不幸なんだろうと思う人のほうが多い中で、はやともさんはそうやって考えられるというのは、生き霊や死霊が見える力を持たされるべくして持たされた人なんだなと、改めて思いました。

はやとも　僕は一切思ってないです（笑）。

八木　それ面白い（笑）。

「コンプレックス」「自己責任」に向き合わなくていい。スピリチュアルも逃げ場の一つ

はやとも　彼女のことが大きなきっかけだったんですけど、もう一個思ったのは、人間って、ほとんど遺伝で決まっているんだなということです。親の教育とか育った環境というのもあると思うんですけど、プラス、遺伝で決まっているところがすごく大きいんだなと感じるんですよ。

　太りやすい、太りにくいとか、筋肉がつきやすい、つきづらいとか、頭がいい、頭が悪い、努力できる、努力できないとか、背が低い、高いとか、それって、時代のニーズに合っているかどうかのガチャガチャみたいなもので、親ガチャって、１回批判されましたけど、別に誹謗中傷という意味ではなく、現実にあるなと思ったんです。

　俺はすごい太りやすい体だし、背も低いし、頭も別によくないですけど、親ガチャが外れたと思ったことは１回もないです。

　ただ、それは現実問題として存在しているよなと考えると、

ほとんどの人間がコンプレックスを持っていて当然なんですよ
ね。

八木　僕も思ったのは、ポジティブという言葉がいいことだと
思われ過ぎていて、ポジティブに考えるということを結構押し
つけている風潮が強いと感じていて、僕は、不必要なポジティ
ブになるぐらいだったら、必要なネガティブになったほうが幸
せに生きていけると考えています。

　引き寄せの法則とよく言われているけど、改善しなければい
けない問題やコンプレックスには、落ち込んでもいいから向き
合わない限りは、上っ面のポジティブになってしまいますよね。

はやとも　今、補足していただいたのに、ちょっと考えが違う
のが、僕は向き合わなくていいと考えています。

八木　ネガティブとかコンプレックスに対して？

はやとも　コンプレックスとか自分の弱点に対して向き合わな
くていいと思っているんです。ほとんどの人が、向き合えるほ
ど体力がもう残ってないと思うんです。疲弊しているし、親の

老後のことを考えたり、自分自身のこれからの仕事、結婚、出産、育児、貯金、住居、老後などの問題が山積みな上、今は自己責任論が強くなっちゃって、誰も助けてくれない。

　となってくると、心的疲労を逃がす場がないんですよ。さらに自分自身の弱点とかマイナス思考とか現状とかに向き合い始めると、沼にはまる人が結構多い。

　あと、社会に救いが残されてないから、何にも考えないでもいいよという逃げ道をみんなで許容してあげないといけない。自己責任の時代なのに、逃げようとすると逃げるなと言われる。じゃ、俺が逃げなかったら、責任取ってくれるのかよという話じゃないですか。

　今は、「逃げないで立ち向かいます」、「そうか、頑張ってね。死んじゃっても俺は知らないよ」という時代なので、となると、逃げたほうが早くない？　と思うので、みんなで逃げようぜ、俺、今、これにはまって現実逃避しているんだ、俺もそれで現実逃避しているんだと言って分かち合って、多少の村意識、仲間意識をつくって、やっと精神を保っているのが現代日本だと思うんです。だから、みんな逃げることに対してもうちょっと許容してあげたほうがいい。

「コンプレックス」「自己責任」に向き合わなくていい。スピリチュアルも逃げ場の一つ

八木 なるほど、それはそうですよね。今は、YouTube にしてもインスタグラムにしても、遊びの延長がいつの間にか仕事となって暮らしている人もいるけど、好きな事で生きていくのは確かに自己責任な部分が多い。

　でも、今というところにフォーカスしたときに、はやともさんが「そもそも生き霊とか死霊を気にできている時点で、すごく幸せなことだよね」と言っていたんだけど、これはいろんな人に聞いてほしいところなんですよ。

　日本人って、今生きていることじゃなくて、将来のこととか、この先のことに対して時間をとられ過ぎている気がしているんですよ。

はやとも おもろいのは、日本って、必死感を出すのは好きなんですけど、必死になるのは嫌いなんですよ。

八木 本当に必死じゃないのに必死感を出しているというのが、潜在的にあるのかもしれない。

はやとも もしかすると民族的に好きなのかもしれないですね。

八木 必死感を出している自分が好きという娯楽なのかもしれない。

はやとも あと、好きなことをして生きていこうという、いわゆる才能主義をよく言っているだけで、登録者が何十人しかいないというYouTuberは、みんな存在を知らないんですよ。登録者が何百万人いるよという人だけにみんな目が行って、YouTubeやるぜというふうになっても、やってみると全員が有名なYouTuberにはなれないことがわかります。

じゃ、YouTubeをやらないほうがいいのかというと、僕はやることは価値があると考えていて、大当たりするかもしれないし、新ジャンルを開拓するかもしれない。真面目に取り組めば、みんながまだやってない、でも興味があるところを開拓できるかもしれない。だから、やることはすごく大事ですよね。

ただ、成功しても失敗しても、その先は自己責任論なので、そのときに逃げることすら許されないと、大分息苦しいし、挑戦することが怖くなる。だから日本人って失敗を恐れると思うんですよ。失敗したとき誰も面倒を見てくれないなと思うから、安パイな道を行きたいということを、中学生ぐらいから考え始めてしまって挑戦しない。起業家とか投資家とかが、こうやり

「コンプレックス」「自己責任」に向き合わなくていい。スピリチュアルも逃げ場の一つ

なさい、ああやりなさいと言っても、誰もやらないのは、失敗したときに誰も責任をとってくれない時代になっちゃったからです。

　それはしようがないことで、Z世代のもうちょっと上の40代とか50代の世代って、生まれてから時代が正直になってくれたことが1回もないんですよ。消費税つけませんと言って、やっぱりつけますとなったりとか。

八木　期待値を上げられちゃうからね。

はやとも　時代に全部裏切られ続けてきた。ノストラダムスで世界崩壊だ、崩壊するまで楽しもうぜみたいな感じでやっていたら、最終的には、崩壊しないのかよとなって、その苦しみを和らげるために自己責任論を恐らく生み出したのが、中間層の世代だと思うんです。
「釣りバカ日誌」とか「サザエさん」を見て、会社で働いていれば60歳になるころには月給80万円だぜと思って会社に入ったら、そんなに昇進とかないよ、途中でクビ切る可能性もあるよと言われて、聞いていた話と全然違う。後輩を育てようと思ったら、若いコは、1つの会社でずっと働くなんて考えられない

ですわ、肌に合ってないので転職します、先輩を尊敬なんてないですよ、みたいになって、後輩にも慕われない。

　給料も上がらない、昇進もしない、後輩からも慕われないという苦しみを和らげるために、世の中は自己責任でと言っているんですよ。そう言っておくと、気持ちが一番和らぐんですね。助けてくれなかった世の中が当たり前なんだと言語化しないと、もうやってられない。

　いい時代を知っちゃった上で悪い時代になっちゃったから、余計悪く感じてしまって、最終的に逃げ道として自己責任論というものを出してくるという現状に陥ってしまっているわけです。

　ただ、そうなったときに絶望し切らないために、みずから命を絶ったりしないために、逃げ道を許容してあげる。全然いいから逃げな、日本なんか最悪だと思ったら、人間、どこに住んだっていいんだよと、提示してあげるのが、一番健やかになる可能性が高いかなと考えています。

八木　逃げるというのはすごい大事で、スピリチュアルって良い意味で逃げ場なんですよね。今の世の中のリアルを見たときに、スピリチュアルぐらい逃げ場があってもいいはずです。

「コンプレックス」「自己責任」に向き合わなくていい。スピリチュアルも逃げ場の一つ

144

スピリチュアルはサービスエリアと表現しているんです。安全に目的地に着くために、スピリチュアルをサービスエリアとして上手く活用することが大切ですね。

はやとも　逃げを許容してあげて、逃げない人のことを、みんなで放置しない。頑張ってるねと言ってあげて、失敗したときでも、また挑戦すればいいじゃんと笑って言ってあげるぐらいの余裕を持つ。

　30代、40代も、生きているだけでしんどいと思うので、なかなか難しいんですけど、巨万の富を得ることが正解なのかというと、そんなことはなくて、年収800万円を超えたら幸福度は変わらないので、投資だけで何千万とリターンが返ってくるぜみたいなやつがいても、鼻で笑っていればいいんですよ。

八木　ニュースを見ていても、海外のセレブリティでも、一見華やかに見えても、精神的な病だったり、DVが理由で交際相手と訴訟を起こし合ったりしているじゃないですか。そっちにはそっちの不幸というか、大変なことがあると感じるし、自分も周りから見たら幸せだということにちゃんと気づいてあげないと。

はやとも　YouTubeをやって、「めちゃめちゃそうなんです」というコメントがつくのは30代、40代、50代の人たちで、その人たちがみんな、「しんどいです」となっているんですね。いいものを知っていると、悪いものがイヤに感じるんでしょうね。

　今のテレビ、つまんないと思うのは、おもしろかったテレビを知っているからじゃないですか。でも、今の子どもたちからしたら、今のテレビが普通なので、別につまんないと思ってなくて、テレビって、こういうものだよねぐらいの感じだと思う。

八木　「逃げる」ということを肯定してあげないと。僕たちは、本とかYouTubeとかSNSとかによって、成功している人たちの意見を見ていたりするので、勝ちの定義を無意識に決めているけど、逃げるが勝ちという言葉もあるぐらいで、逃げるということをちゃんと肯定してあげるのはすごい大事。

はやとも　できれば、その先は勝利主義じゃないところに行くのが、ゴールとしては一番いいんじゃないかと思うんですね。さっき八木さんが言っていた、投資家とかが海外でDVで訴訟されちゃったりしているのは、結局、勝利主義の先に幸せがなかったんですよ。企業間でブランディングとか営業成績で勝っ

「コンプレックス」「自己責任」に向き合わなくていい。スピリチュアルも逃げ場の一つ

て何十億円と手に入ったとか、1個1個の勝負事に勝ち続けていった先が空虚だったから、人に八つ当たりしてDVに発展する。広い家とか、シャンデリアとか、高いお肉、高いお寿司、高い野菜、お抱えのメイドとか、好きな人はそこを目指せばいいけれども、勝利して、それを手に入れた先に何かあるかというと、何もないはずなんですよ。

八木　そうすると、そこを目指して頑張ってきたことに対して怒りを感じますよね。

はやとも　それは自己否定なんですよ。僕、よく覚えているんですけど、関東で片手に入るぐらいの大金持ちの人に、食事に連れて行ってもらったときに、その人はもともとは6畳間2部屋ぐらいの家に家族5人で住んでいて、そこから成功して、日本の半分の経済は俺が動かしていたと言っていたそうですけど、でも、その人が言うには、子どものころに6畳2間に家族で住んでいたときの幸せは、どんなにカネを出しても絶対に手に入らないって。
　そのとき、彼の息子さんも一緒にいらっしゃっていて、息子さんは優しくて真面目そうで頭もよさそうで、仲のいい親子関

係が築き上げられていたんですけど、それでも、自分の子どものころの空間は手に入らないと。彼が言うに、「俺は別に6畳に住みたいわけじゃない。大豪邸が4軒あって、好きなものを全部置いているけど、そうじゃないんだ」と。

　金持ちが悪いのかというと、そうじゃないし、努力が悪いのかというと、そうじゃない。ただ、自分が培って行き着いた先が、そこじゃないところだったと言うんですね。

　見えない状態で競争社会で勝利し続けると、勝利主義というのは、実は幸福を生む構造にはなってない。でも、資本主義というのは勝利主義に非常に近い属性だから、どうしても勝利主義のものばかりが目立つ。例えば、お笑いでいけば賞レース、オリンピックでもメダル。基本的には競争社会で勝利したものが優秀である。オリコンチャート、CD売上枚数、YouTubeだったら再生数、登録者数。結局、勝利的なところに輝きを求めて、何者でもない人たちが勝利してない者をディスり、自分たちの沼に引きずり降ろそうとする。

　でも、そこじゃないところで幸せを築き上げている人は、資本主義とか民主主義社会のどの庭で生きていっても幸せなんだよというふうな話を聞いて、お金に余裕があるからそんなことを言えるんだよと感じましたけど、その言葉は的を射ているな

「コンプレックス」「自己責任」に向き合わなくていい。スピリチュアルも逃げ場の一つ

とは思いました。

八木　目に入るもの、耳に入るもの、口にするもの、会う人というのは全部縁があると僕は思っているから、その話をはやともさんが聞いて、ここで伝えてくれることで気づく人がいるかもしれないですよね。

はやとも　だから、何かで勝とうとしないところの幸せは持っていたほうがいいかもしれないですね。すごいスピリチュアルというか、きれいごとを言えば、普通に飯を食いに行ったときに、知らない人と一言しゃべって知り合いになれただけでも、たぶんめちゃめちゃ幸せなことですよね。

八木　愛だよね。はやともさんのYouTubeとかSNSって、世の中を風刺したり、着眼点が凄いところを突いてくるんですけど、オチが絶対に愛に満ちている。上辺だけの愛ではなくて、はやともさんのように、本質と本音を言う人のほうが愛があふれているなと感じました。

はやとも　ありがとうございます。その割には友達が少ないで

すけどね（笑）。

八木　友達の数が少ないほうが質は伴っていると考えていて、僕は20代のとき、渋谷中を飲み歩いていて、その辺は知り合いと友達ばっかりだよみたいな感じだったんですけど、体を壊して生活を整えて、自分の中で人生が好転していったんです。でも、人生が好転していくタイミングほど、人って離れていくなと、正直感じていたんですね。

　結局、人脈がどれだけあるということよりも、本音と本質を言っても離れていかない人が何人いるかのほうが大事。それがさっき言った勝利主義というところと繋がってくるのかな。

はやとも　逆に勝利主義に支配もされている。今、八木さんが言ったことは本当にそう感じます。勝利できてない人たちじゃないと、ここには入っちゃダメですよという村みたいなものがあるんですよ。

　結果を残しちゃった場合、結果を残せないでみんなで同じように努力している人たちのところと、あなたのいるステージは違いますよね、じゃ、もう僕らと対等にしゃべることはできないですよ、みたいな逆ステージがあって、だから、友達が減る。

何か1個なし遂げたぞとなったときに、その手前にいるやつらは気にくわないし、もしくは断念というか、ああ、違うところに行っちゃったねとなる。それって、意外と成功者が自殺したりする原因になっているんです。

　実は、何の日も浴びずに切磋琢磨しているとき、酒飲んで、あいつが悪いんだとか、俺のほうがすごいんだみたいなことを言っているときは、チョー幸せなんですね。

　成功したときに、その時代に二度と戻れないみたいなことに気がつくと、それは勝利主義の先は空虚であるということに直結して、何であんなに成功しているすごい人が亡くなっちゃうんだろうねという、世間様がよく疑問に思うことの答えに繋がっていくんじゃないかな。

八木さんが神社に興味を持ったきっかけ

はやとも　八木さんは、なぜ神社に興味を持ち始めたんですか。

八木　僕はもともとスピリチュアル否定派で、見えないものは信じない派で、物質主義だったんです。さっきの勝利主義みた

いなところがあって、勝利主義の割に勝利できてない自分に嫌気が差したときに、たぶん逃げるという選択をしたんでしょうね。

　何に逃げたかというと、まず先祖に逃げて、お墓参りに行って「助けてください」となったんですよ。次に、神社の神様にお願いしようと逃げたんです。結局のところ、僕がスピリチュアルに来たのは、ストイックとか、コンプレックスに向き合うとかじゃなくて、がっつり逃げからでしたね。

はやとも　何から逃げたんですか。

八木　現状の自分というものが達成できてない現実逃避から始まりましたね。

はやとも　その当時やっていたお仕事からの現実逃避ですか。

八木　自分が信じてやってきたことの結果が出てないというところからの現実逃避でしたね。

　今は現実を見ることができ始めているのかなという気はしますけどね。

はやとも　神社とかに行かずに、当時やっていたお仕事とか交際関係とかを、このまま行ってやるぜみたいには、みじんも思えないぐらいボロボロだったんですか。

八木　それぐらいボロボロになったし、好きなものを買って、朝までお酒を飲んで遊んでという生活を繰り返していて、結局、体に出ちゃったので、もう限界が来ていましたね。でも、そのまま貫き通す勇気もなかったんでしょうね。

はやとも　なるほど。これは僕の考えですけど、ボロボロになってから神社に行ったのと、最初から神社やスピリチュアルに興味を持っていたのだと、だいぶ違ったはずなので、一回ボロボロになってよかったなとも考えられますよね。

八木　パーソナルトレーナーをやっていたんですが、超回復という言葉があって、トレーニングで筋肉を追い込むと危険を察して現状より強くなろうとするんです。
　今考えると、超回復に似ていますね。はやともさんが幽霊が見え出したときに、見えるときと見えないときをコントロールしたとおっしゃってましたけど、僕が神社仏閣とかパワースポ

ットに行くようになったのは、それまでの人生の挫折とか困難からの超回復を無意識に求めたんでしょうね。

はやとも　今、神社インフルエンサーということでブログを書いたり、ある程度仕事にしているじゃないですか。もともとやっていた仕事と今の仕事と、何が違いますか。

八木　違わない部分もあれば、全く違うところもあるので、半々になってしまうんですけど、前の仕事が今の仕事に生きている部分もあるので、全部が繋がっているということはわかりました。

はやとも　神社インフルエンサーという異名がついて、何がそんなによかったですか。要は、一回挫折しているじゃないですか。ということは、神社インフルエンサーだって、仕事にすると挫折する可能性があるし、スピリチュアルはもういいわとなる可能性もあるけど、何で続いているのか。スピリチュアルとか神社は何がそんなに魅力的だったのか。

八木　これからスピリチュアルや作家という職業で挫折する可

能性も絶対にあるはずです。

　神社参拝やスピリチュアルで自分と向き合えたことによって、挫折は自分を強くしてくれる材料だと気付かせてくれた部分ですね。

はやとも　そういうふうに見ていて、神社とかもステップアップするのにもいいものだったと。

神道は全ての命が平等でみんな神様扱い。だから今を生きているだけでハッピー

八木　あと、お墓参りに行って先祖の名前を見たときに、自分一人だけの命じゃないなということがわかったんですね。ご先祖様たちが頑張って生き抜いていてくれたからこそ、現代に自分が存在できている。これはスピリチュアルじゃなくてリアル。

　僕もはやともさんも、肉体的には自分だけど、この肉体の中に、ひいおじいちゃん、ひいおばあちゃん、おじいちゃん、おばあちゃん、お父さん、お母さんは、DNA的に確実に生きているわけなんですよ。僕の場合は、神社仏閣、お墓参り、パワ

ースポットに行って、ようやく気づけたんですね。

はやとも　じゃ、それまでは、俺は俺だ精神が結構強かったんですか。

八木　そうですね。だから、自殺する人って、そこに気づけてない部分もあるはずです。自分一人だけの命だと思っちゃうから自殺するんじゃないか。自分が死んでも悲しむ人なんていないよと言う人がいるけど、先祖だけは絶対悲しむでしょう。
　見えないものを感じない、聞こえないと言われると確かにそうだけど、スピリチュアルとか霊がいることのメリットとしては、現状の社会で「自分なんかが死んでも誰も悲しまない」と言う人がいなくなってほしいんです。先祖がいたから自分がいるということにもっと気がついてほしい。
　神社もお墓参りと一緒で、神様の〝お墓〟として存在している場所もあるから神社参拝も神様という〝ご先祖様〟のお墓参りでもある。

はやとも　いいですね。めちゃくちゃ神社にみんなが興味を持つだろうという感じがします。

神道は全ての命が平等でみんな神様扱い。だから今を生きているだけでハッピー

八木　そこに行って現世利益がかなうとか、お金持ちになれる
とか、成功するということじゃなくて、挫折したっていいんで
すよ。ただ、挫折したときに、みずから死を選ばないという事
だけです。

　パワースポットも、神社も、お墓も、誰かが残してくれた場
所です。結局のところ、自分一人だけの命で、自分で生き死に
を決めていいわけじゃないと考えています。

はやとも　生まれたことそのものが、みんなが引き継いでくれ
た上で成り立っている奇跡だということですね。

八木　だから、パワースポットに行ってご利益がどうこうなん
て、ぶっちゃけどうでもよくて、パワースポットに行けたこと
が究極のご利益なんですよね（笑）。

はやとも　ちなみに、神社インフルエンサーというのは、もと
もと外の人がつけた異名ですけど、それを自分でもキャッチコ
ピーとして使っているということは、何か神社を広めることに
対して精神的なメリットがあるよということを提示したいと思
うんですけど、それは何を伝えたいというのが主軸にあるのか

とか、どの世代の人に一番伝えたいとかあるんですか。

八木　神社というのは、いい意味で無宗教な場所なんですよ。

　宗教は唯一神ですが、神道は八百万（やおよろず）の神、要するに全員が神様扱い。そこは日本が世界に誇れる文化であり考え方という部分は、ちゃんと発信していきたいですね。

　今、僕たちがスマートフォンを使えたり、本を読めたり、便利な社会にいられるのは、それを味わえなかった人たちが努力してくれたから、今、僕たちが味わえているんだよというところもですね。

　神社インフルエンサーと言いながら、神社って、結局取っかかりでしかないんですよ。

はやとも　確かに八百万に同じように価値があると思った上で、なおかつ先祖のことを大事にするからこそ、生きることを一生懸命やらなければいけないとなると、気楽にもなるし、生きることに前向きにもなりますものね。

八木　現実社会に目を向けて、こんな世の中、やっていけないよねと思ったときに、自分が今生きているだけでハッピーじゃ

神道は全ての命が平等でみんな神様扱い。だから今を生きているだけでハッピー

んというところに、気がつけることが大事ですね。

なぜ人は憑かれることが怖いと思うのか

八木　はやともさんと会うときに僕が怖さを覚えたのは、もし憑いていたらどうしようと感じたからですね。はやともさんが、「憑いていたら何で怖いと思うんですか」とおっしゃったけど。

　誰だって憑いてたら怖いから「祓ってほしい！」と言うはずですが、僕は、祓えないことに意味があるんだよということを、はやともさんと会った人に気づいてほしいなと思っています。

はやとも　いろんなものに恨まれているような人はいるんですね。それは、理不尽なものも、憑いてしかるべきものも、どっちも含めて、その人の生き方に応じている気がしているんですよ。

　その人は、自分で生き方を1個選んでいるわけじゃないですか。自分はこうやって生きるんだと思った中で、生き霊が憑いているから肩が重いんだとか、生き霊が憑いているから最近調子が悪いんだということを考えるぐらいで良いんじゃないかと

考えていて、実際、そういう人もいるんですけど、関係ない人もたくさんいるんですよ。

　でも、そう思えることって幸せなことなんです。これは語弊があるかもしれないけど、仕事で成功している女の人って、意外と「私、絶対生き霊がついていると思うんですよ」と言うんです。この人、こうやってうまいこと逃げられるから成功できるんだろうなと。

　外的なものに理由をつけて言いわけができる人のほうが、逃げられる場所を自分の中でつくれるから、楽なスタンスで次の仕事に行けるし、ストレスがたまったときにはけ口を見つけることができるのだろう。また、何かあったときに人のせいにできる。あの人が悪いんだというふうに思えるメンタルがあるから、成功できる。人生がうまくいっている女性は結構そういうことを言う人が多いので、バランスをとって生きていけるんですよね。

　不思議なのは、男性は、成功している人でもそういうことはあんまり言わない。俺、生き霊が憑いているでしょうとか、何か憑いていると言う人のほうが少数派なんです。男性のほうが、視野が狭いというか、別に誰かのことを傷つけていようが、勝利主義に取り憑かれていて、あんまり後悔がないと感じました。

　女性は、感情を理解してビジネスに生かしている人がすごく多い。今、世の中の女のコはこれを求めているとか、男性はこういうのが好きだとかいうのをトレースして人の感情を読み取っているのは、女性のほうが多い。それを踏まえた上でいくと、人の感情を酌み取り過ぎる分、後悔とか、念とかいう疑いを持ったりしちゃう。

　なので、憑くというのを、いい逃げ道として使う分にはめちゃくちゃいいと思います。悪いことがあった、これは生き霊のせいだと思っておくのは楽だし、周りからは「くだらないことを言ってるよ」と言われるかもしれないけど、それで自分の精神が多少救われるなら、全然いい。

　ただし、それが行き過ぎて、全部をそれのせいにし始めたときは、本人がどう思っているかは別として自己否定になるんです。「生き霊がメッチャ憑いているから、私、大変」と言うのは、そういう生き方をしてしまっている自分そのものを大きな声で否定していることになっちゃって、実は最終的にはものすごいマイナス思考というか、誰にも相手にされないぐらい卑屈な人間になってしまう気がするので、言いわけにし過ぎると、自分の人生を閉ざすだろうなとは感じましたね。

　なので、それをやらないためには、うまい言いわけとして、

逃げ道として、いいあんばいで使う。人って、恐怖がなくなってしまうと、マイナス思考がなくなるのと一緒で、他人を思いやることができなくなるんですよ。

　プラス思考って、悪い言い方をすると、相手のことを考えていないのと一緒ですから、マイナス思考が抜け切ってしまうのも、人としてどうなんだろうとは思うので、そういう面を含めても、恐怖というのを持っておくのはいいんじゃないか。

　だから、憑くのを怖がるのは必然だと思うんですけど、バランスを見て受けとめていきましょうぐらいの感じですかね。

八木　人気者だったり、数字を動かせる人のほうが生き霊が憑いているというのと一緒で、憑かれていたら怖がる必要はなくて、憑かれていたら憑かれていたなりに、私、頑張っているんだなとか、人の目に入っているんだなと思うきっかけでもいいから、憑いていることで自己肯定のほうに繋げられたら良いですよね。

　憑いていることで、人の役に立っていたり、人の印象に残っていたんだなというふうに思えるような世の中が来ると、憑いている生き霊も、「この人はそういう考え方だったんだな」となる気はします。

はやとも　具体的にバランスを言えば、「生き霊が憑いているんだ。怖〜い。あ、マックだ。おいしそう」と言って食べたら忘れるみたいな（笑）。でなきゃ、家に帰って、「私、生き霊が憑いているんだ。怖いな。あ、韓流ドラマの最新話が来ている。見よう」となって、見たら、完全に忘れる。そういうふうに好きなもので上書きできるぐらいのレベルで不安に思うのがいいですよね。

八木　人間って、多少の不安とかストレスがないと死んでしまうというのがあって、お金がいっぱいある人が自殺してしまうというニュースも結構ありますよね。空腹は最高の薬というわけじゃないけど、多少おなかがすいているときのほうが体の自己免疫能力が高まると言われているので、そういう意味では、何かしら負を背負っていたほうが生きる力になる。

はやとも　僕もそう思いますね。

八木　生き霊や死霊を気にするのは、現状で自分たちが生きていることから目がそれちゃっているよなというのがあるので、自分が今生きていることに必死になったり、生きている自分に

もっと目を向けないと勿体無い。

　生きている人間のほうが生き霊よりも死霊よりも強いはずなんですよ。でも、生き霊とか死霊が、人間に憑いてしまうということは、それに負けちゃっている自分に気づかないといけない。そして、今、生きている自分というものをちゃんと生き抜かないといけない。

　自分も誰かの生き霊になってはいけないし、死んでからこの世に残りたくないんだったら、今、本当に後悔がないように生きる。そのためには、自分の欲に素直にならなきゃいけないし、時には逃げる、逃げても幸せになれるというところを、この本を読んだ人には感じてほしい。

はやとも　「復讐してもしなくても同じだ。なら、したほうがすっきりするから、したほうがいい」というキアヌ・リーブスの言葉があって、なるほどなと思いましたね（笑）。

　誰かのことを恨むのって、ぶっちゃけ、不毛じゃないですか。でも、そこしかはけ口がなくなった人間は、それで幸せなんだから、恨んでいてもいいんじゃないのぐらいに思ってしまう。

八木　スピリチュアルや占いに逃げてもいいんですよね。

なぜ人は憑かれることが怖いと思うのか

はやとも　これを言うと怒られると思うんですけど、「私、あの人が許せないんです！」と言っている人には、「めちゃめちゃ恨もうぜ！」って言いたい。

　僕、善人になる必要はないと思っているんですよ。全てを許して、全てに感謝したら、人間、どうなるかというと、天に召されるんですよ。だから、誰かを多少憎むことで見返してやるというエネルギーをつくるのは大事だし、愚痴ってすっきりするんだったら愚痴ればいいし、逃げて生き延びられるんだったら逃げればいいんです。

　実は恨まれている人って意外とノーダメージで、それを見ると余計腹が立つんですけど、もっと先へ行くと、私、何をやっているんだろうみたいな感じになってきて、恨むだけ恨んだ後に、たぶん気がつくような気がするんですよ。

八木　それもある種の勝利主義みたいなものだよね。

はやとも　ちょっと語弊があるんですけど、個人を恨むということができる段階にある状態を楽しんだほうがいい。

　現代になっていきなりふえたのは無差別殺人だと僕は考えていて、相手に何かされたから殺すみたいなのが当然だと思って

いたのが、だんだん誰でもよかったになっている気がするんですね。

　誰でもよかった人たちって、すごく頑張って酌み取ると、何が悪いのかもわからないんだろうなと思うんですよ。何かが悪い。でも、考えることもしんどい。そもそも考える暇がない。でも、自分の人生はこんなのではないはずだったし、社会というのはもっと違うあり方ができるはずだ。国がこうだとか社会がこうだとかいろいろあるけれども、具体的に何が悪いのかと聞かれると、生み出すことができない。はけ口を見つけることができない。

　それはもしかすると、僕らの目に見えるような具体的な内容じゃないところにあると思うんですよ。

　人の人生って、ニュースで伝えられる１分、２分でわかるものじゃないし、一言では片づけられない理由のせいで人間というのはぐちゃぐちゃになってしまって、後悔も生まれなければ、無常すら感じなくなってしまう極致に達している人が一定数存在してしまっている。その人たちがどんな道を選ぶかというと他殺か自殺のどっちかで、多くの日本人は自殺を選んでいますけど、中には無差別殺人みたいなものを生み出してしまっている。

　なぜ人は憑かれることが怖いと思うのか

　そんな人たちがなぜそこに至ったのかという苦しみをないがしろいにした状態で、我々は今生きてしまっている。その人たちの気持ちを考えろと言っているわけではなくて、考える暇がなく生きてしまっているので、少なくとも明確に誰かを恨める、誰かから恨まれているという個人間のやりとりでの、はっきりした生き霊とか、恨みみたいなもの、憑き物を恐怖できる段階って、まだ逃げ場がある状態なんですよ。

　最もヤバイのは、何に怒っているのかわからない、どこが逃げ場なのかわからない、もしくは逃げ道がないという状態で、それは究極、関係ない人の命を奪ったりということになりやすいのかなという気がしたんですね。

　憑く、憑かないのところに戻ると、誰かに恨まれている気がする、誰かを恨んでいるという個人間での恨みのやりとりができている段階で、自分はまだ逃げ道があるんだ、じゃ、そっちに逃げてみようという選択肢を生んでもいいし、結局それはどこかでゼロになってしまうものだから、ガンガン恨んでもいい。

　ただし、恨まれる、恨むというスパイラルをずっと続けることによって、実体のない何かに対して恨みを持っている人たちが誕生してしまっているということだけわかった状態で、これから過ごしていこうねというふうには思いました。

八木　僕、逃げ道が生きる道になる可能性のほうが高いと今回の対談で感じました。自分も誰かを見たときに、あいつは逃げたんだという目じゃなくて、生き延びる道を見つけたんだというふうに見てあげられる人間になりたいです。

はやとも　逃げようとしているのは、最もわかりやすい救難信号、SOSなんですよ。意外と人間って、全員、何にもなし遂げてないですから、自分は人に説教できるほど大した人間じゃないよと思って、逃げようとしている人がいても、「しっかりしろよ」とか言わずに、救難信号だと思ってキャッチしてあげるのが大事なんですよね。

八木　相手のサインに気づけるようになること、今生きている人たちの苦しみとか悲しみ、逃げたほうがいいということに気づけるような人間になるとともに、霊だって、もしかしたら気づいてほしいかもしれないわけで、生き霊や死霊に取り憑かれたとしても、この人はこういうふうにわかってくれる人なんだと生き霊や死霊の憎しみ、悲しみ、苦しみを理解できる人間になりたい。

（了）

なぜ人は憑かれることが怖いと思うのか

著者プロフィール

シークエンスはやとも
吉本興業所属。

TV・YouTube・書籍などで自身の霊能力を活かした霊視、霊についての解説などを展開している。YouTubeの登録者数は26.2万人（2023年4月調べ）。宗教・神仏などにも独自の見解を示し、あの世や生物の死について、精神学的・生物学的な観点からも観察している。

シークエンスはやともチャンネル〜1人で見えるもん。〜
https://www.youtube.com/@user-gr8sb5mp3c

会員限定クラブ＆オンラインサロン「Quense」
https://www.sequence-hayatomo.com

八木勇生　やぎ ゆうき
神社インフルエンサー、作家、エッセイスト。

SNS、トークライブ、書籍においてライフワークである神社参拝、パワースポット巡り、神話考察から現代生活に応用できる言葉、行動、思考論、を発信。SNSのフォロワーは学生、主婦、クリエーター、モデル、芸能人など多岐にわたる。本人には〝見える、聞こえる、感じる〟といったスピリチュアル的な力が一切ない事や、〝令和になってから〟神社仏閣に行き始めたなど神社歴も浅く、元々スピリチュアル否定派など、謎多き人物として語られている。

Instagram
@yuky_520

Note
YAGI NOTE MAGAZINE

Yagi Voice Channel
https://youtube.com/@yagichannel.119

「憑き物」のトリセツ

第一刷　2023年4月30日

著　者　シークエンスはやとも
　　　　八木勇生

発行人　石井健資

発行所　株式会社ヒカルランド
　　　　〒162-0821　東京都新宿区津久戸町3-11　TH1ビル6F
　　　　電話　03-6265-0852　　ファックス　03-6265-0853
　　　　http://www.hikaruland.co.jp　　info@hikaruland.co.jp
　　　　振替　00180-8-496587

本文・カバー・製本 —— 中央精版印刷株式会社
DTP —— 株式会社キャップス
編集担当 —— 溝口立太

2023 年 3 月 31 日

イッテル本屋
グランドオープン！

みらくる出帆社
ヒカルランドの

イッテル本屋

イッテル本屋がヒカルランドパークにお引越し！

神楽坂ヒカルランドみらくる 3F にて

皆さまにご愛顧いただいておりました「イッテル本屋」。

2023 年 3 月 31 日より

ヒカルランドパーク 7F にてグランドオープンしました！

さらなる充実したラインナップにて

皆さまのお越しをお待ちしています！

〒162-0821　東京都新宿区津久戸町 3-11 飯田橋 TH1 ビル 7F　イッテル本屋

みらくる出帆社ヒカルランドが
心を込めて贈るコーヒーのお店

イッテル珈琲

絶賛焙煎中!

コーヒーウェーブの究極の GOAL
神楽坂とっておきのイベントコーヒーのお店
世界最高峰の優良生豆が勢ぞろい

今あなたがこの場で豆を選び
自分で焙煎して自分で挽いて自分で淹れる

もうこれ以上はない最高の旨さと楽しさ!

あなたは今ここから
最高の珈琲 ENJOY マイスターになります!

《不定期営業中》
●イッテル珈琲
　http://www.itterucoffee.com/
　営業日はホームページの
　《営業カレンダー》よりご確認ください。
　セルフ焙煎のご予約もこちらから。

イッテル珈琲
〒162-0825　東京都新宿区神楽坂 3-6-22　THE ROOM　4 F

自然の中にいるような心地よさと開放感が
あなたにキセキを起こします

神楽坂ヒカルランドみらくるの1階は、自然の生命活性エネルギーと肉体との交流を目的に創られた、奇跡の杉の空間です。私たちの生活の周りには多くの木材が使われていますが、そのどれもが高温乾燥・薬剤塗布により微生物がいなくなった、本来もっているはずの薬効を封じられているものばかりです。神楽坂ヒカルランドみらくるの床、壁などの内装に使用しているのは、すべて45℃のほどよい環境でやさしくじっくり乾燥させた日本の杉材。しかもこの乾燥室さえも木材で作られた特別なものです。水分だけがなくなった杉材の中では、微生物や酵素が生きています。さらに、室内の冷暖房には従来のエアコンとはまったく異なるコンセプトで作られた特製の光冷暖房機を採用しています。この光冷暖は部屋全体に施された漆喰との共鳴反応によって、自然そのもののような心地よさを再現。森林浴をしているような開放感に包まれます。

みらくるな変化を起こす施術やイベントが
自由なあなたへと解放します

ヒカルランドで出版された著者の先生方やご縁のあった先生方のセッションが受けられる、お話が聞けるイベントを不定期開催しています。カラダとココロ、そして魂と向き合い、解放される、かけがえのない時間です。詳細はホームページ、またはメールマガジン、SNS などでお知らせします。

神楽坂ヒカルランド　みらくる　Shopping & Healing
〒162-0805　東京都新宿区矢来町111番地
地下鉄東西線神楽坂駅２番出口より徒歩２分
TEL：03-5579-8948　メール：info@hikarulandmarket.com
不定休（営業日はホームページをご確認ください）
営業時間11：00〜18：00（イベント開催時など、営業時間が変更になる場合があります。）
※ Healing メニューは予約制。事前のお申込みが必要となります。
ホームページ：https://kagurazakamiracle.com/

スピリチュアルアレルギー
著者：八木勇生
四六ソフト　本体1,500円+税

拒否反応≒0に近づくと「困った時の神頼み」が巡り始める！　"見えないチカラ"をインストールして日常に活かす生き方とは？　大人気の神社インフルエンサー、待望の初単著！
初詣、七五三、占い……見えないチカラを求めているのに、どうしてスピリチュアルを嫌うのか?!　子供の頃、大好きな子に「嫌い！」と意地悪、拒否したように……実はみんなわかっている!?　心の奥底で、見えない世界のチカラがどんなものかを！　ねじれた思いを≒0に整えて、物心豊かに──全く新しいスピリチュアル・ナビゲーション。